補助金に頼らない
経営戦略

～京都の経営戦略の特殊性を覗く～

西河　豊著

三惠社

はじめに

　今、中小企業の発展を阻害しているのが合成の誤謬現象です。

　コロナ騒ぎで飲食通りを歩くとほぼ全ての飲食業がテイクアウトをやっているのをご覧になったでしょう。

　なぜ、そのような現象が起こるかというと皆が不安なので一定の情報に左右されてしまうのです。

　実は、今回否定する補助金活用でも同じような現象が生まれているのです。そこに戦略的な独自性はありません。

　一見有利に見えるところにその逆の現象が生まれるのです。

　そこへ、誘導しているのが政府の産業ビジョンとマスコミです。加えて最近それを加速する大きな要素がＳＮＳです。

　ネットでの広告でも「補助金は返済不要のお金です」以外の情報はありますでしょうか？

　では、なぜ、それらを活用した何万という事業所はうまくいかないのでしょうか？

　それは目的が事業をうまく回すことから、補助金をうまく貰うと言うことに変形してしまっているのです。今回、補助金ではありませんが持続化給付金を貰う為に故意に売上を落とした事業所が多くありました。

　では、逆に補助金に頼らないで、確固たる経営をしているところはあるのでしょうか？それはあります！

　本書で言いたいのは独自戦略をとるためには世間の空気に流されるなということです。

　この合成の誤謬に対抗する独自戦略をこれから立てて行くわけですが、

まずは、合成の誤謬を起こしやすい媒体を切ることから始めてください。

何かを具体的に言います。

ニュース、ＳＮＳです。新聞も日々読まないでください。そこにも悪い方向（皆と同じ方向という意味）に誘導するものが含まれています。

これで、世の中についていけるのかと不安に思われる方もいるでしょう？ついていく？という感覚自体が間違っているのです。

この雑音を切る作業をしないと、これから読むことは実践しても効果半減です。いや、効果のある戦略構築できないでしょう。ニュースは月に一度ほど何が起こっているのか纏めて情報収集すれば十分です。

その分空いた時間にして欲しいことが経営者としての思索と実証です。

本書の構成は以下の通りです。

ＳＴＥＰ１　補助金を活用することに優位性がないことを知る

ＳＴＥＰ２　政府施策の方向性を知る　政府の支援策を使わないとしても大きな方向性だけは掴む

ＳＴＥＰ３　心を整え戦略を練る

は行の法則で、落ち着いて考えられるところまで、ガイドします。いかに世間の雑音を切るのが重要かも説明します。

ＳＴＥＰ４　私のコンサル経験より戦略の定石を学んで貰います

ＳＴＥＰ５　今回の特典として、多くのベンチャー企業を輩出した京都のそして女性経営者の経営の戦略を学んで貰います。

ＳＴＥＰ６　上記を再度ＳＴＯＲＹとして、学んでいただきます。

話は遠野木蝶子という女性の立志伝です。単なる経営ストーリーではなくエンタメ作品としても楽しめるように書いています。

本書はループの形式をとっています。

何回も繰り返し読むことにより戦略思考のレベルが理論的にも実践的にも上がります。

いや、何回も読まないと腹に落ちないでしょう！

　ゴールは理解できたと事ではありません、自社が何をすべきかがぼんやりとでも浮かんだ時です。

　何をすべきかと言うことは書いていません。

　そんな、勝利の方程式は自由競争下の社会ではないのです。

　本書では、そんな合成の誤謬を否定しています。

　最低１０回は精読して欲しいのです。

　そのためにあえて、分かりやすい書き方はしておりません。

　最後に本書では実践主義を前面に出しています。

　戦略は作った段階では評価されるものではありません。

　戦略を作っては実践して、効果を検証して、戦略を練り直すということです。ここで、レベルアップして行く以外に方法はありません。

　そこで、最終章にＳＴＯＲＹを掲載して、その実践マインドを感じて貰うという形式にしました。

　是非とも、女性の主人公のマインドを感じてください。

経営革新支援認定機関

ものづくり補助金情報中心　代表　西河　豊

補助金に頼らない経営戦略

目　　次

執筆において、中小企業庁と厚生労働省のサイトを参考にいたしました。

第1部
補助金に頼らない経営戦略

1. 新型コロナ騒動の総括

　まず、業種別分析に入る前に一般的な会計の通則のことを説明します。

　それは、資金繰りでは売上の２カ月分は運転資金残高をもっておくべきだと言うもので、これを守っていなかった飲食業がかなり潰れてしまったのだと思います。

　なぜ、そうなったかというと、余裕資金を次の店舗を出すために全て使ってしまっていたからだと思われます。

　２カ月分のうち１月は仕入れと売上のタイミングのずれの準備で、もう１月が余裕資金と言う考えです。

　それがあれば、自粛期間は長めに見て２カ月で持ったはずです。

　その間に借り入れの手配も出来たでしょう。

　しっかりと資金をプールしていて、経営が持った事業主もいましたし、一気に清算して撤退してしまったところもありました。

　飲食業と言うのは外部脅威に、食中毒リスクもありますのでやはり２カ月分プールの法則は守るべきでした。

　次に被害を受けた業種・業態の特徴で言えば、小売であってもサービス業であっても単純再生産を繰り返しているようなやり方のところが売上が落ちたと言えます。

　趣味的な業種であっても顧客にとって真に有意義なものであれば売上は戻りつつあります。

　次になぜイベント関連（スポーツ含む）は被害が甚大だったのでしょうか？

　それは、その集客の仕方が、常にバブル現象を起こしていたのではないでしょうか？

　スポーツ観戦も同じです。

そう考えると客を入れる箱自体がそれを前提に作っていますので、この業態は今後やり方を考え直さないといけない業態です。

最後に地方の観光業です。これは、インバウンド需要の消滅によって影響を受けると言われています。

もともと過大な設備投資を、客の入場料金（宿泊料の場合も）で返済していくと言うのは根本的に成り立ちにくい業種でした。

インバウンド需要の方をバブルと考えると今後も困難な業種です。

インバウンドを除いた国内需要だけで考えると人口減少が起こっているのですから、飲食業、一部人気のサービス業、地方観光業者は絶対数が多すぎたのではないでしょうか？

2．コンフォートゾーンについて

コンフォートゾーンとはそこにいることによって心地の良い場所という意味です。

これの反対語が尻に火がついた状態ということになります。

この状態に置かれた方が爆発的な力が出るということは理解出来るでしょう？

私の事務所もまさにこの事務所の危機に遭遇して革新したという歴史を刻んでいます。

中小企業に欠けているものは実は資金力ではありません。

この土壇場に追い込まれた時に出る戦略であり知恵なのです。

戦略がなければ補助金を得ても明確な使い道がなく溶かしてしまうだけになります。このように危機の状況に追い込まれないと人は動きません。これは地域起こしなども同じで恵まれた地域では人の力は結集しません。

外部環境における危機が襲ってきたときは戦略策定の最大のチャンスな

のです。

３．選択と集中がなぜ出来ない？

　戦略構築のツボは、選択と集中です。
　と言うと、読者の中には今回のコロナ騒ぎでは、ひとつに選択と集中していたころは影響大きかったではないかと言われるかもしれません。
　しかし、それは、意味が違います。
　選択と集中をしていてもリスクは分散すべきですし、それは可能です。
　例えば、重要なデータは複数個所に保存しておくなどです。
　確かにリスク分散していてコロナ被害を受けなかった部分で継続できた事業体はあるでしょう？
　それは経営のセンスの問題であり、そもそも、事業がうまく行っていないとその展開は出来ません。

　選択と集中とは言葉を変えると売上を形成していくために何でも屋になるなと言うことです。
　余分な仕事を書き集めない、捨てると言うことです。
　これは焦りがあると捨てられません。

４．合成の誤謬が企業をだめにしている！

　合成の誤謬とは一見有利なことでも皆がそれに殺到すれば、逆の効果を示すと言う現象です。
　それは、補助金の世界でも同じでものづくり補助金でも同じようなプランがいくつもでているのです。
　持続化補助金でも８〜９割が単純な自企業の宣伝です。
　皆が同じ方向性を行って差別化要素を逆になくしているのです。

　飲食業で言うと皆がテイクアウトの方向に行くということです。

　その原因はと言うと、同じ情報を得て判断しているからです。

　同じ情報とはマスコミが流す皮相な情報です。

　これは、知的資産アイデアにも言えることで自分は、とんでもないことを思いついたと感じていても調べてみたらそのアイデアは既に知財で抑えられていたというケースも頻繁に見受けられます。

　現代の人は思索と言うのが出来なくなっています。

　本書では思索と実証の２つを前面に出して推奨していきます。

　この合成の誤謬を起こしている

　ということと

・補助金・助成金事業をしても一向に業績が上向かない

・選択と集中が出来ない

　は同義語なのです。

　では、選択と集中を阻むものは何なのでしょう？

　それは、

・マスコミやＳＮＳの雑音に流されてしまう

・売上を広く拾いに行く心理

・現況のままいた方が安心と言う心理

　マスコミやＳＮＳに阻害されてしまうと言うのははじめにも書きましたが、底の浅い結論に流されてしまうということです。

　これは事項でリモートワークを題材に解説しています。

　次に売り上げを広く拾いに行く心理と言うのは、気持ちとしては痛いほど分かりますが、そこで、時間を浪費してしまうのは、次への戦略を練る時間の浪費です。

　例えば、ウイングの広がり過ぎる業種として、建設業やコンサルタントは、売上を広く拾いに行く行為に走ると結果的には人を出して時間を売っ

ているだけの形になってしまいます。

　最後に現状のままいた方が安心と言う心理は、コンフオートゾーンにいる心理とも言われ、これも解説した通りです。

５．補助金になぜ頼ってはいけないのか？

　ここまでは、注意点を同時に述べながら中小企業施策活用の有効性も残した表現でコラムや書籍を出してきました。

　ここでは、補助金・助成金に頼るなと言い切ります。
　そのデメリットやリスクも説明しますが、もっと大きなことは結果としてそれで、企業が良くならないからです。
　経営革新法と言う補助金ではない有効性のあると思われる戦略の認証制度でさえそうなのです。
　では、一見有利な補助金・助成金に内在する危険性とは何なのでしょうか？

・補助金とキャッシュフローリスク
　補助金に採択されたら現金は大きく減ると言うことを理解しましょう。
　設備投資した費用の２分の１が事業終了後に事業補助として戻ってくる形です。
　よって、本来的には補助費とすべきですが、補助金という方が馴染みやすく申請数も増えるという事情があるのでしょう。ものづくり補助金は誰もが知っている人気の補助金になりました。補助金にエントリーするということは、それに見合ったキャッシュを準備しなくてはならないということです。実際にはこれだけなく補助事業に係る人の人件費もかかっています。
　理解しなくてはならないのは、この補助事業が実り補助事業終了後に売

り上げに転嫁できないとキャッシュは減ったままということです。

　こうみると補助金事業というのはキャッシュフロー経営とは相反するものです。

　事業主は、既存事業と補助事業を分けて、既存事業で常にキャッシュを稼げる状態にしておくことに加えて、設備投資の補助金事業は長期スパンで把握して、キャッシュフローを生み出すように、マーケテイングリサーチの精度をアップしていくことが必要です。

　補助金制度がキャッシュフローに反するのになぜこの制度があるのかというと、皆がキャッシュフロー経営を目指して短期的利益を狙いに行くと、ものづくりの本来の強みが失われるという国の配慮があります。

・助成金と制度運用リスク

　では、全く、助成金活用にリスクはないのでしょうか？

　助成金で雇用したら雇用のリスク、制度導入したら、それを運用すると言うリスクがあります。

　この背景には就業規則はいったん改訂すると労働者に対して不利益変更はしにくくなるということがあります。厚生労働省の助成金施策は基本的に労働者向けに作ってあります。

　全ての助成金についてリスクがあると言っても開発リスクを負う経済産業省のものづくり補助金のリスクに比べれば低いと言えるでしょう。

　助成金では現金資産は助成金では増えるのです。

　ただ、それぞれの助成金の目的を勉強しないと効果は半減します。

　次に資金調達と言う面から見ます。納得できないかもしれませんが、補助金・助成金は企業を回す資金と言うエネルギーとして見ると通常の運転資金と水と油の関係になるのです。

　本来は原価をかけて売上を発生させるというサイクルで、その原価にはリスクを内包しています。

そのリスクを落とすのがビジネスのプランであり、より真剣にプランを考えると言う効果を生みます。

　また、事業目的が、その会社を強くすると言うことよりも補助金を得ることになってしまいます。

　その目的性には国のバイアスがかかります。それに沿っていけば生き残れるのならいいでしょう？そうはならないのです。

　ひとつにはそこで、合成の誤謬の現象が起こり、同じ方向に行くことにより、戦略が停滞します。

　オンリーワン経営をしようと思えば補助金を貰ってはいけないのです。

　結果、取材しても、驚くほど個性的な経営をしているところはこのような中小企業施策とは無縁です。

　本来、事業における投資とは、リスクの向こうにあるリターンを求めに行く行為であって、返済の必要のないノンリスクの資金と言うのとはそりが合わないのです。

　ものづくり補助金の事業化率が２割程度に収まってしまうのもこれが原因です。

　リスクフリーのお金と思い、マーケテイングをしないからです。

　自社のお金で投資を繰り返すと、そのマーケテイング感覚が少なくとも鍛えられます。

　実証精神と交えて、鍛錬していってください。

　マーケテイングの確度が高く、リターン率が高そうな時だけ借入資金を使ってください。

　それは、資金を蓄える時間を買うと言うことになります。

６．補助金に頼らないで経営出来るのか？

　経営とはいかにリスクに対応してリターンを得ていくかというゲームに近いものがあります。

　このリスクの中に納税も入ってくる。ビジネスの立ち上げ時にリスクというのは読みにくいものがあります。まず事業コンセプトが他人の権利を侵していないか、ビジネス自体が法を守っているかというのが検討の材料です。時代が成熟するに従ってビジネスの成功する隙間が小さくなっているからです。

　創業ビジネスプランを見るにつけてこの観点の抜けているケースが非常に多くあります。

　ビジネスのランニング段階に入ると業績に勢いが付いているのでそのビジネスの広がりにおいて冷静にリスク計算することが必要となります。

　事業提携を持ちかけられる話も舞い込んで来ます。

　この段階に入ると提携で目の前に見えてくる売上に裏側に付いてくるリスクを検討することになります。

　ビジネス成熟時にこの段階もそのスキームにおいてリスクが潜んでいないかを検討することになります。レバレッジ（梃子のこと）が含まれているということは乗数的に利益を得られる代わりに内容に瑕疵があるとその被害・損失は広範囲に及び甚大になります。

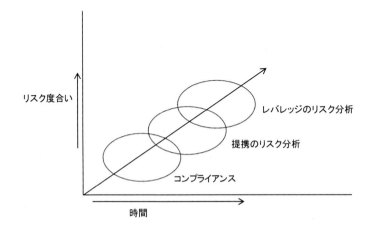

17

７．戦略を持った企業のブレイク度は？

　では、戦略を持った企業のブレイク度合いはということで、ここでは国の戦略の認証制度である経営革新法認定企業の事例を使います。

　私の関与先です。経営革新法企業はその後どうなったのでしょうか？

（１）経営革新法の定義とは、

・同一県内、同一業種の中で新規性が求められること

・３～５件計画で経常利益において年１％以上の増加率、付加価値額において年３％以上の増加率が認められること。

　付加価値額とは営業利益＋人件費＋減価償却費という公式になり、これは、バランスよく投資もして、国民経済の浮揚にも寄与して欲しいという現政府の政策です。

　経営革新法認定以後の企業の姿より遡り、経営革新法申請の策定時とその後の運用の仕方について経験則より類型化を導き出そうというものです。１３社とサンプル数は少ないものの一定の傾向は見出せたのではないかと思われます。

（２）業種構成

　①塾産業②ＩＴソフト開発③ＩＴソフト開発④織物卸⑤茶葉プラント製造業⑥青果小売業⑦酒販店⑧産業廃棄物処理業⑨雑貨卸売業⑩設計業⑪材木卸⑫飲食業⑬スポーツ用品店の１３事業所でした。

（３）認定後企業取材について

　ヒアリング項目については、①経営革新目標の達成状況②その後の業績③社員モラールなど雰囲気の変化について調査しています。

　このようなアフター調査を行うにはその該当企業との関係を関与後も良

好なる関係にしておかねばならないことは言うまでもありません。

（4）経営革新Ａｆｔｅｒからの分析

アフターフオローの結果は以下の通りでした。

・①塾産業、④織物卸業は、構造的に苦しい業界であり、経営革新法にて、経営戦略を練っても業界枠内の戦略では限界がありました。

業界全体の売り上げ減少という業界枠内での経営の改善であれば、外部環境の脅威により注意すべきです。

・⑤茶葉プラント製造業、⑥青果小売業は、その後、時差があって業績向上があったケースもあります。

・経営革新後の業績向上について②ＩＴソフト業、⑤茶葉プラント製造業、⑥青果小売業は経営革新法計画期間ではなく１０年後のスパンで実った感があり、経営革新の実行に時間がかかるケースも多くあります。

その業績向上も経営革新法策定当時のそのものが実ったのは⑤茶葉プラント製造業のみで、②ＩＴソフト業と⑥青果小売業は戦略の繋がりはあるものの実際の戦略は当時と変わっています。

それは、時間を経て戦略が高度化したと言っても良いものです。

また戦略のつながりを持ちながら戦略のバージョンアップにつなげると言うのは他社からは見えにくい戦略となりえます。

・事業破綻した先について原因は、業界の競争激化と借り入れ過多、ビジネス分野以外での係争事、事業継承失敗です。

以上より、経営維持においては、経営戦略策定以外にも事業継承策やトップのリーダーシップ・法律知識などが最低必要条件となります。

（5）経営革新で狙える効果

・経営戦略での核となる新事業は実れば、既存事業のキャッシュフローにシナジー効果を及ぼします。

最も成功した事例は⑤の茶葉プラント製造業であり、業務を通じて茶葉

製造のアイデアの聞いた設備を開発していく中で、評判が上がり、既存のプラント製造業の売り上げにも寄与しました。

　最も悪いパターンは、新商品開発が自社の利益率の良い既存商品のニーズをシフトさせてしまった例がありました。

・これを機会にマーケテイングの実験を開始する。

　ここでの該当企業は④織物卸売業、⑥青果小売業、⑨雑貨卸売業、⑩建築設計業です。

　④織物卸売業は、結局、目指した市場では撤退となっていますが経営者としてはそこに市場性なしと判断したのであって、これをもって失敗というかは意見の分かれるところです。

　経営革新行為には、未確定要素に賭ける部分もあり、失敗であるとは判断出来ないのです。

・会社のモラールアップ効果がある。

　全社において、経営革新策定時、あるいは認定後1年程度において会社のモラールアップ効果は認められました。ただし、この経営革新認証の実績を会社のどの層にまで理解させるかによって、モラールアップする社内の層のレベル差はありました。

　社内がモラールアップするのは、計画が出来たという意識に加え、「認められた、注目されている」という意識です。これは生かすべき副産物であり、経営革新法認定には一定の広報効果もあることが分かります。

（6）総括

　纏めると、戦略は時間をかけて執念深く追った場合には、時間をかけて実る場合がある。

　戦略の手を打つことによりPDCAの回し方が分かり、修正を重ねながら、時間をおいて実る場合がある。

　上の当初の戦略が時間をかけて実るケースより、後者のケースの方が多かったという結果でした。

（7）戦略のブレイク率は？

　数字的に纏めると

・経営革新法などの認証制度を取れる可能性は２０社に１社程度　Ａ
・その内、一時的にでも戦略がブレイクする可能性は５社に１社　Ｂ
・その内、その後も戦略を練り続けて、戦略的には深く深耕して押しも押されもせぬ企業となる　２社に１社　Ｃ

Ａ　５％×Ｂ　２０％×Ｃ　５０％＝０．５％

　Ａ×Ｂ×Ｃは２００社に１社の比率で、実績的にも戦略的に真に優れた会社になるということです。Ａの経営革新法認定のルートを外して→Ｂ→Ｃとなる可能性もありますが、取りあえず狭き門の確率です。現実的にもその程度だと思います。

　ＢのステージまでΑ来ると戦略策定→実行の面白みがわかるというのがＢ→Ｃの比率の高さています。

　本書の通りやってみたら御社がＣに当たる企業になれないと言うこともまた言えません。それくらいの確率の方がやる気が出るのではありませんか？

第2部
政府施策の方向性を知る

1．国の中小企業施策のまとめ

　ニュースは月一回にざっと見るということでよいとはじめに書きました。
この中小企業施策ニュースも同じです。

　中小企業施策オタクになっても仕方ありません。

　ここでは、それらの雑音も切るために今年の施策の動きをまとめてしまいましょう！

（1）コロナ補助金について

　国や地方自治体など各段階で出ています。中には市町村レベルでも出ているところもあると思います。

　新型コロナ騒ぎに対応するような開発の場合が認められるのか、審査でどのように見ていくのか（実質審査はしないのか？）が現段階では、まったく不透明です。コンプライアンスから考えて、無理にコロナ対策に結び付けるのは避けるべきです。

　申請類型が緊急措置で考えているので非常に似ていて事業の差別化という点では疑問があります。

　ただ、コロナ対策として不可欠な設備もあるでしょうから有意義に活用してください。

（2）制度改変の総括

　それぞれの補助金・助成金を分析した縦軸と、それを横断的に見た横軸で総括すると、

・助成金では、生産性向上（労働時間短縮）の予算が強化されています。

・横軸ではコロナ被害に遭ったところに使いやすくなっています。

・横軸ではもうひとつ、人件費の向上を図ろうとしています。

　要するに、縦軸と横軸で生産性向上を図ろうとしていると言うことです。

　言葉を変えて言うと労働時間短縮だけでは、労働者の労働過酷度が増す

だけという批判を受けることになるからです。

　これは、ロジックとしては分かります。しかし、それぞれの補助金・助成金で賃金向上の条件がつくことになって、申請が煩雑になります。

　また、ものづくり補助金では真の目的が省力化であることもあり、労働者の選別があった上での賃金上昇となる懸念もあります。

　テレワーク勤務は緒に就いたばかりであり、まずは、会社で試行することの方が重要であり、一般的には設備投資の発想に結び付いていません。

２．リモート題材とした解説

　ここでテレワーク（ここではリモート）を説明する意味は、ニュースなどの一般的な見方にとどまってはいけないという事例で、一般的には
・通勤しないで自宅で仕事をする
　面白おかしくとらえるならば
・家庭と職場が一体化する
　ということになります。
・加えるならばアフター５の飲み会はＺＯＯＭでする
　ということになります。
　しかし、じっくり施策していくと以下のように様々な課題が出てきます。
　大企業ほど、後戻りはしないというスタンスでテレワークを進めていく空気があり、その表面的なことだけはニュース化されていますが、これは、労働形態の変更を視野に入れているのだと思います。

（１）リモートの定義
　まず、テレワークの定義であるが、tele はテレフオンという意味ではなくて、遠くのと言う意味です。

　ここでは、その誤解を避ける意味もあってリモート（ワーク）という言葉を使います。

このリモートと言う言葉を使う場合、クライアントにも対しても、訪問せずに、受注業務の完結をしたり、セミナー等の広報・研修などを様々なツールを使い遠隔地にいる人に同時に行うと言うことにも使えます。

（2）リモート体制への検討必要事項

① 体制・規程

組織体制を始めとしてフレームワークを規定する必要があります。

・テレワーク上の情報管理者は誰か？

・個人携帯電話の活用機会も増えるので利用手当てをどうするか。

・緊急連絡網はどうするのか。

・業務予定日報の提出とその日の業務結果の連絡をどうするのか？

・電磁媒体など会社情報の入っているルーツの持って帰って良いのか？また、自宅から持ち出していいのかの定義が必要となる。

・それら会社情報の資料の自宅での保管場所をどうするのか？の検討が必要です。

② ツール

・ツールとしてCHATWORKは相手先別に情報整理できるのでリモートワークにうまくあてはまります。

・ZOOMはリアルタイムでの会議に活用できるが個人PCにインストールの必要があります。また動画付き通信にすると個人の生活事情が映るがそれで良いのかの検討が必要となります。

③ 狙うべき効果

主に狙うべき効果とは、ひとつは会社への帰属意識をこの機会に上げることです。

一般的には会社帰属意識が薄まるイメージだが、ひとりひとりの社員にとっては、逆に会社への帰属とは何なのかを考える良い機会となります。

　既にリモートワークで先行している会社はこの課題について、漏れなく工夫しています。

　次に狙うべき効果は業務の類型化・標準化です。

　一般的にリモートワークをした方が業務速度は上がる。一般的には業務は資料作成になり、時間的余裕のある分、自分の業務をマニュアル化する良い機会です。

　リモートワークで労働場所が分散することにより他の社員の動きが見えにくくなるのでこの見えるか資料の作成は、必要不可欠なタスクです。

④　リモートのメリット

・スピードアップ

　まず、リモート用の業務開発が必要となる。これには業務のブレイクダウンの技術を擁する。会社あての訪問対応・電話対応などがなくなるので、間違いなく、スピードアップする。過程を持っているものでも周りが気を使うものです。

　そこで、空き時間の有効活用の自己啓発を目的とした項目のリストアップを社員に対して準備しておく必要があります。

・標準化

　会社内で業務を行う場合は、口頭での報告が中心となります。

　社内間の連絡も通常は電子媒体活用になる。そこで、業務上の連絡事項や注意事項などをどの範囲に送信するのか？また、どのように説明すればいいのかを考える機会になり、これをうまく標準化していけば、業務のスキームの高度化になります。

　高収益を上げている派遣会社では業務終了間際の夕刻にその日の経験から掴んだ注意事項を皆で討論、反省し、それが業務の高度化につながり収益を生んでいます。

・帰属意識

　リモートワークのメリットに帰属意識と書くと意味が分かるだろうか？まず、人は離れて働くが故に、会社と言う共同体意識が強まるのです。

　派閥意識やパワハラなどのシーンも減る。これは逸れるが教育に置いても今回、このリモート体制へのシフトが要請され苛めが減ったと言うことが報告されています。

　会社への帰属意識をいかに高めるかについてはそれぞれの会社の工夫の効くところです。

⑤リモートのリスク

・リスク分散

　今回は、新型コロナ騒ぎと言うウイルス対策であったが、対災害に置いても分散配置はリスクヘッジになります。しかし、拠点が散らばることにより会社守秘義務情報の漏えいリスクは高まります。具体的に言うと自宅作業に飽きたスタッフがネットカフェなどで仕事するようになり、電磁媒体などを置き忘れる危険性があります。

　細かい規定作りとリスク意識を持たせる必要があります。

・コミュニケーション技術

　コミュニケーション技術はレベルアップを要求される。例えば、クライアント連絡時に相手側は表面上、リモートワークと言うのは見えません。

　そこでチームの誰か、あるいは、上司等がそばにいるとイメージされると頓珍漢な対応になる場面も出てくる。まだ、リモート社会の進んでいない段階ではいかにクライアントに理解して貰うかの努力が必要となります。

　メリットのところで、連絡が口頭から電子媒体での連絡中心に変わるので、業務上の連絡事項などの効率化、あるいは、マニュアル化を図る良い機会です。

　しかし、それは、連絡相手を間違えば大きな事故になると言うリスクも

抱えています。

・ライフスタイルに起因するリスク
　得意先への直行直帰が多くなるにつれて次第に身だしなみなど崩れていくスタッフが出ることが予想されます。
　これは、リモートワークを実施して始めて浮き出る会社の機能であるが、会社出社にはしつけ機能があると言うことです。特に、新卒社員などは、まだ、社会というものを知らないので、より一層配慮したしつけ教育技術が必要となります。

・マインドケアに起因するリスク
　これが、最も配慮を要する項目だろう。まず、自宅作業だと、時間管理において意識が薄くなるだろうと懸念して、個人管理を強化し過ぎる管理者が出現するだろうが、それは一般的に間違いです。
　自宅作業することによって、通勤時間もなくなり、逆に仕事中毒になる人が出るのを注意すべきで、休憩時間についても自宅で休むと言う行為に罪悪感を感じてしまう社員がいるので常にリフレッシュ時間を入れるよう助言すべきです。
　会社への統一的な業務報告については、予定表を提出させて日に一回で良いのではないかと思われます。
　先程は、真面目な社員の事例を出しましたが、全く音信不通になってしまう社員もいて、会社側としては、余分な心配をしなくてはならない懸念があるからです。

第3部
心を整え戦略を練る

1．ＳＷＯＴ～戦略策定するまで

ＳＷＯＴ分析と言う手法があります。

これは、図で見ていただくのが最も分かりやすいと思います。

この表に御社の要因を埋めていき、強みは生かすなどの対策を立てます。

内部環境	強み	弱み
	生かす	補強する
外部環境	機会	脅威
	生かす	予防する

　このスワット分析と言うのはコンサルタントの業界で出は使い古された手法ですが自社の状況を測るにはベストな手法です。

　いや、経営資源を探って行くにはこれしかありません。

　ここで、要注意は深い分析をしないといわゆる世間で言われていることと同じになってしまいます。

　今の世の中では表層的なニュースに毒されている人は、分析を、表面的なところから掘り下げられません。

　深く分析すると「機会」は「脅威」の裏返しであり、「強み」は「弱み」の裏返しとなります。

　そうなるまで考察してください。

　これをもって、戦略を決めるのですが、その前段階として、考えるのは、どの強みを生かすのかです。

　戦略が何をどのようにするか決めるのに対して、戦術とはそれを成し遂げるために置く舞いストーンの様なものです。

　戦略として何をしたらいいのかと言うのは言うが易く行うは難しです。

　そこで、何をしないのかを決めるという形に置き換えると、逆にするこ

とが浮き彫りになってきます。

　ここで、事例で考えてみましょう！
　自社の弱みのところに社員が高齢化しているということが当てはまる会社は多いでしょう。
　弱みに「社員が高齢化している」と入りますが、世間の一般的情報に毒されている人は、ここで止まってしまうのです。
　ここからが、考える作業なのです。
　強みは？と無理やりにでも裏返しで考えてみると、高齢ゆえに技術が溜まっていると言えないでしょうか？
　でも、弱みに入ると言うことは有効活用されていないと言うことですね。
　ここから、考え抜いて、戦略を編み出すならば他社と技術提携する、あるいは、もっと発展させて技術指導に行く。もっと広げて海外に技術指導に行くとなります。
　ここで、この戦略はうまく行くのかどうかは分かりません。
　後ほど解説する実証主義を入れて欲しいのです。少しでも試して欲しいのです。

	強み	弱み
SWOT上段		社員高齢化

更に深める

	強み	弱み
SWOT上段	社員に技術がある	社員高齢化

更に深める

	強み	弱み
SWOT上段	社員に技術がある	社員高齢化

他社技術指導をする

次に機会と脅威のところに行きましょう。

ここも高齢化つながりで、脅威のところに自社のお客さんが高齢化していると入る企業も多いでしょう？マーケットが先細りするということです。

この企業がリフォーム業だったとします。

機会のところには、ここも考えて見ると高齢者世帯は蓄財しているケースもあると入ります。

これは、実際にあった事例ですが、その高齢者世帯とその息子夫婦の世帯を紐付けします。息子世帯のリフォーム資金を親世帯に出して貰うことは出来ないかという戦略で臨みました。

その最終形は二世帯住宅です。

実際にこの戦略をとってみてその事業所はリフォーム受注をある程度獲得しました。

	機会	脅威
SWOT下段		ユーザー高齢化

更に深める

	機会	脅威
SWOT下段	高齢化ゆえ資産あり	ユーザー高齢化

更に深める

	機会	脅威
SWOT下段	高齢化ゆえ資産あり	ユーザー高齢化

息子世帯をリフォームできないか？

このように左右に出てくるところが最もストレスを抱えていてなおかつノウハウが溜まっているかもしれないところです。

2．戦略を決める

では、肝心の戦略ですが、これは、貴方が決めてください。

　よく、経営戦略においてもこうすれば、という絶対方式の様な書籍がありますが、それは理論的にはおかしいのです。

　それらしきものがあれば、経営者はそれに群がります。そこで、合成の誤謬現象が生まれて、差別化要因を逆に失うのです。

　補助金活用がまさにそれなのです。

　戦略とはリスクを買いに行く行為です。ただ、リスクはリターンと同義語なのです。

　そして、これに賭けるとした戦略について、それを決めた時点で正解も不正解もありません。

　それを実践して効果が出たものが正解なのです。

　戦略の基本は強みと機会を生かすと言うことです。

　何をしないという決め方も効果的です。

３．戦略・戦術は細部に宿る

　戦略とは選択と集中が先にあります。これは集中していく過程で捨てる方が難しいのです。

　外部環境・内部環境が危機になればなるほど選択と集中が実行しやすいということです。

　これに対して戦術とは戦略を決めた後に時間軸で何を実行していくかというタイムスケジュールです。ゴールエンドに対して進捗のマイルストーンを置いておく行為です。

　現在の経営者はこの戦術を決めることも苦手になりつつあります。

　昔はそうではなかったのですが、戦術作りはプロの職人の世界であり、是非ともそのプライドを持って作ってください。

　戦術はある意味、想像力の世界であり、どれほど頭の中でシュミレーションしたかということが反映されます。戦術作りにどれほどの時間をかけたかはそのプランを見る人が見れば瞬時に分かります。

ここで戦術についての考え方のヒントとなるクロスミックス法を紹介します。

　これはあくまで考える道具（考具）です。これにこだわることはありません。

　以下の表は私が、経営革新法申請で、助成金サブスクリプションサービスの確立というテーマで作った行動計画です。

（別表2）
実施計画と実績（実績欄は申請段階では記載する必要はない。）

| 番　号 | 計　　画 | | | | | 実　　績 | | |
	実　施　項　目	評価基準	評価頻度	実施時期		実施状況	効果	対策
1－1	サブスクリプションボードの基本パッケージ確立	取扱助成金種類	毎日	1-1				
1－2	FB広告による広報	実施回数	年間	1-1				
1－3	CHATWORK 会話システムによる会員数強化	会員数	毎日	1-2				
1－4	助成金20種類以上の申請ランニング	取扱助成金種類	毎日	1-4				
2－1	意識のある事業主を会員としたオンラインサロン実施	実施回数	四半期	2-1				
2－2	好事例事業主の紹介	実施回数	毎月	2-2				
2－3	提携できる専門家ネットワークの強化	提携数	毎日	2-3				
2－4	YOU TUBE での広告主とて、広告配信	実施回数	年間	2-4				

右側は進捗結果を埋めて行きます。

これは、

・主要サービス

・広告・営業推進

・会員組織

をどうするかというファクターで作ったものです。このように要素を先に決めて各段階で何をするかを串刺し的に策定していくメソッドをクロスミ

ックス法と言います。

４．経営をプログラミングする

　ここで戦略を決めると言っても、熱くなって考えてしまうとうまく行きません。

　逆に合成の誤謬の罠にやられる危険性が高まります。

　一つには世の中のためになる良いことをしなければならないという思い込みから前に進めないという人が多くいます。

　戦略とは決める時点では透明であるべきであるというのが私の持論です。

　次にアイデアが全く湧かないという人がいますが、これに対してはこれから説明しますが、あくまで考え方の手法であって、戦略・戦術そのものではありません。戦略は自分で考えるべきものであり他人に作って貰うものではないからです。

　システム思考と言う言葉があるのをご存じでしょうか？

　これは、組み合わせに漏れがないかなどを、機械的に考えて行く手法です。

　よって、何をなすかと言うところまで落とす行為はプログラミングに似ています。

　手順の一端をご紹介します。

　プログラミングを考える場合に最も重要なのは、漏れがないかを考えることです。漏れがない状態をMECEと言います。

　経営資源の組み合わせにおけるMECEも考えてみてください。

　じっくり考えてみてください。

　自社のマーケットの対象などを中心に流通における４C（価格、販売場所、販売促進、商品）を最大限想像力をもって可能性を考えてみてください。

　いけないのは、始めからこれは可能性がないと考えることをやめてしまうことです。

やり方が分からない場合は勉強してください。

　動機があるので勉強しやすいと思います。

　例えば、今、飲食業はテイクアウトの可能性を考えなくてはならない訳ですね、それを他社よりも早く考えておけば動きも速かったのです。

　次は、戦略フローを考えます。

　ここで、やり方において好き嫌いの意識を外してください。

　考える要素は

・ユーザーにベネフィットがあるか?

・誰が決定権限者か?

・ニーズがあるか?そのタイミングは合っているか?

　この戦略に合わせて4Pと言われる

・価格　・販売場所　・製品　・販促

を決めます。

　ここまでで想像力を最大限広げて、様々なパターンを作った後に、1パターン、2種類でつくりAとBどちらの反応が高いかを実験していくのがA／Bテストです。

　ここで、やり方に置いて好き嫌いの意識を外してください。

と前回述べました。

ここが肝心です。

・我が社がこんなことできない

・かっこう悪い?

・もっとかっこいいことをしたい

　などの思い込みは捨てて純粋に経営のプログラミングに臨んでみてください。

　マーケテイングにおいては実際、リストアップなどでプログラミングを使ってみてください。

　この方法については、説明を省略してきました。

社内の若手で出来る人は必ずいます。

実はプログラムと言うのは１から作るものではないのです。

例えば、私のサイトのＰＶを測るプログラムです。

```
<!-- Global site tag (gtag.js) - Google Analytics --><script async
src="https://www.googletagmanager.com/gtag/js?id=UA-43720821-2"></
script> <script>  window.dataLayer = window.dataLayer || [];
function gtag(){dataLayer.push(arguments);}  gtag('js', new ate());
gtag('config', 'UA-4372082＊-2');</script>
```

　ＰＶを測るサイトを変える場合はここのコードを変えるだけでいいのです。（太字が私のサイトです）

　このように試してみて実証してから、変えて行くだけなのです。

　それを知っている人は知っています。一箇所だけ変えて反応率の差を見ると言うのがＡ／Ｂテストです。

５．実践主義（ケーススタデイ）

　ここで戦略とは全てを固定的にＦＩＸするものではありません。

　効果を検証していって、どんどん変えて言って良いものです。

　そのために必要なのは即実践の姿勢です。

・Ｉ社の事例

　これは、ノンフイックションです。Ｉ社には掲載の協力をいただいています。

　私のもっと深く指導した事例です。この事例で掴んで欲しいのは、最初

から全ての道筋があったわけではないと言うこと、守るべき信条はあったことの2つです。

　この事業所は大正時代創業の青果小売店で１００年を超える歴史に社員一同が誇りをもっています。
　自らを八百屋と呼ばれています。
　路面店であるこの店は昭和の時代に早くもピンチを迎えました。
　目の前にショッピングセンターが出来たのです。
　私も中に入り、アドバイスしたもののその脅威には対抗できませんでした。
　そこで、その場所は店の前での新鮮市のようなミニマムな形にマイナーチェンジしました。また、料亭への業務卸は従来通り継続されました。
　そこで、別の場所で、もっと粗利の取れる形で、様々な挑戦を始められました。まずは飲食業に挑戦、住宅地を始め京都で最も観光地と言われるところなど複数回挑戦されました。
　それでも、利益率の向上は見られませんでした。
　ここで、この事業所の戦略は
・単純な販売法はとらない
　ということだけでした。後は、模索の連続でした。
　途中、補助金で京都の生産物とのコラボで加工品を開発されましたが、これもヒットには至りませんでした。ただし、この時点で補助金の申請遺書などはすぐ書けるほどのレベルには達していました。
　そこで、ひとつ目の戦略のヒットは、どうせ取り扱うならと言うことで最も粗利の高い、筍、松茸を商材として扱うようになったことです。
　販売は、この時点で富裕層にDM販売するようにしました。
　そして、最終形として、コラボを重ねて行く中で、海外販売をしている生鮮産品業がいることを発見して、自らも青果を海外販売できないかノウハウを聞きに行き、模索するようになりました。

　ここで、販路を国内から海外にというのは、この事業者にとっては自然な流れであり特別なことではなかったのです。

　東南アジアの視察を繰り返す中、香港で流通のキーマンと出会い、香港をはじめとして東南アジア諸国で売り場を確保することが出来ました。

　売るのは日本のブランドフルーツです。

　この時点で日本の野菜の海外販売は鮮度の問題で無理があり、フルーツに商材は絞りました。

　ここで、この事業所のコアな経営資源は農家との強力なチャネルであると言うことに気がついていたということです。

　今は販路を中東に求めて営業をかけられています。

　この事例のように、戦略としては、青果と言う商材で付加価値が高くつく形で販売すると言う基本路線以外のところでは、どんどんスタイルを変えています。それでいいのです。いや、こういう策定の仕方が成功する秘訣なのです。

６．現代人の心の浮つきを鎮めるために

　現在の人は、考える際に気持ちが浮ついている人が多くいます。

　自分の考えを深めるよりＳＮＳの書き込みが気になるなどの傾向があります。

　この浮つき度合いが高まると、自分で考えると言うこと以前にじっくりと本を読むこともできなくなります。

　そこで、雑音を切り精神を集中するステップを以下に説明しますが、禅の手法を取り入れています。

　これを習慣化出来たら、最初は、じっくり一冊の本を読んでみるところから始めるのがよいと思います。

　それが、出来なければ自分の思考を纏めて行くと言う作業は出来ないか

らです。

は行の標語

　そこで、戦略を考える上での生活習慣がいかにあるべきかを、以下のように考えました。

　ここでは、その教訓をは行である「はひふへほ」で定義しました。

　１日５分ずつでも考えてみてください。

　それをなしとげるためにも説明した通り、日々のニュース・ＴＶ類の雑音は断ち切るが必要であり、その様な雑音の中では成し遂げられない行為ばかりです。

は　反省から始める　戦略とは全く新しいことを始めるのではありません。

　日々の反省の上に立って、その反省を生かすのです。

　それが戦略の統一性になります。ここがしっかりしていないと、新たなことを次々初めて全てがうまくいかない、その行為によって逆に信用を失うと言うことになります。反省とは何もうまく行かなかったことを分析するだけではありません。うまくいったことも次に生かせばいいのです。

ひ　日々革新　革新と書きましたが改めると言うことです。日々と言うことは累積が効いて来ると言うことです。山登りをされたことがあるでしょうか？一歩一歩は小さくても振り返ると遥かな距離を歩いてきたことが実感できて自信に繋がります。その一歩一歩のロードマップが戦略です。

ふ　俯瞰する　俯瞰とは遠くから見つめることです。これも雑音を切らないと出来ません。何を俯瞰するかと言うと全てですが、最も必要なのは自社です。

へ　平静を保つ　まずはニュース類を切り、いかにそれらに影響されていたかを知るべきです。静寂に耐えられない人も中に入るでしょう？

そこを乗り切ってください。

浮ついた心からは何も生まれません。

ほ　凡事徹底　これは、戦略としてこうしようと決めたことを日々実践していくと言うことです。実践していかないとその戦略が有効なのかどうかさえ分かりません。この言葉を日々唱えて、考えてみてください。

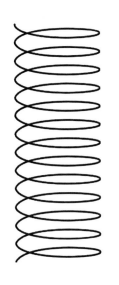

イメージ方法は？

　このようなループを思い浮かべてください。

自分が登って行くイメージです。

「俯瞰する」「平静を保つ」は、ちょっと登って行く自分離れたところから見る感じです。

「日々革新」「凡事徹底」は、一歩ずつでも登って行くことです。

「反省」は、上って来た道筋と登って行く「反省」は、上って来た道筋と登って行く道筋は繋がっているということです。

第４部
経営戦略の定石を知る

戦略の定石を知る意味は？

　ここで、私の経験則よりこうすればこうなるといういわゆる戦略の公式
らしきものを説明しますが、戦略とは何かに賭ける行為であり、その賭け
方に１００％正解も１００％不正解もありません。
　また繰り返し述べますが、戦略を決めた時点での優劣はありません。
　実践するところまで行かないと評価が出来ません。
　よって実践すれば？どうなるのかという心づもりで読んでください。

1　持たざる経営の方が強い

　私はハードとソフトのたすき掛け理論を推奨してきました。
・ハード施策・・・例えば、ものづくり補助金申請
・ソフト施策・・・例えば、経営革新法認定、知的資産報告書などを作成
というように交互に取得していくというものです。
　これは設備投資する際に戦略がなければ駄目だということを示していま
すが、ここに来て、変化が起きてきました。
　ハード投資をせずに持たざる経営をしている会社の方が業績が良いという
ことが分かってきました。例えば、製造業においても自社投資しなくてもそ
の設備を持っている会社をアウトソーシングで活用すれば良いのです。
　結論としてはソフト投資を繰り返していく方が経営の効率が良いという
ことです。
　この考えはものづくり技術がこの国を支えていることから考えると諸手
を上げて賛成することができないかもしれません。非常に難しい問題では
あります。

2　目標の妥当性

　目標の数量的の内容（構成）について説明します。

　通常目標数値を作る時にトップの意志として、過大なものになり過ぎる傾向があります。

　それが未達で終わった場合はそれを取り戻すためにより過大な目標になってしまいます。

　これにより各担当者が目標達成意識はより希薄なものになるというスパイラルに陥ります。

　次に稀ではありますが達成可能な完全ラインの目標とするケースもあり、この場合未達成を起こすと次の目標設定がより難しくなります。

　ここでは各担当者にヒアリングを行い、努力値も多少乗せて正確な予測をした目標設定が望まれます。

　このケース労使共に数字に対して嘘をつかない企業文化を作り上げる必要があります。

　この数字予測の正確さについては花王が素晴らしい文化を持っています。

　正確な目標を出した人ほど評価が高くなり、それが目標と実績においてほぼぶれない数値となっていきます。

　目標数字において会社側と担当者で、様々な駆け引きを社内で行なっている企業は手持ち在庫などで多くのロスを発生させているのです。

３．戦略とファイブフォースあるいは４Ｐは有効？

　５フオースとは図のとおり同業者・売り手・買い手・新規参入・代替品の５つの要素のことですが、これはバランスをとって経営するということでこの関係性の良し悪しによって抜本的に経営改善が出来るということではありません。ただし、代替品の脅威には気をつけろということは確実に言えます。例えばフィルムが全てデジタルカメラに市場を奪われてしまっ

た例や映画がＤＶＤで見るようになった時代の変化などが代表的な例としてあげられます。

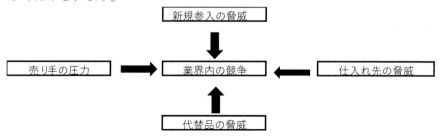

　例えば、バランスを図るための戦略ということを理解すれば、いくら自社サイドで今年の売上額を取引先別に見込み額集計で作っても年間必要額を達成するということはほぼありません。

　なぜなら営業努力することによって、ライバル企業も同等以上の努力をしてくるからです。ユーザー側では価格が出来るだけ低い方が良いということもあります。次に４Ｐという考え方を説明します。

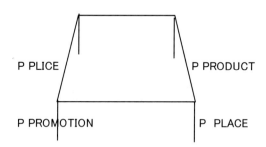

　４ＰとはＰＬＩＣＥは価格、ＰＲＯＭＯＴＩＯＮは販売推進、ＰＲＤＵＣＴは製品・商品・サービスメニュー、ＰＬＡＣＥは販売場所のことでこのバランスを消費者にいかに見せるかということがポイントとなります。

　４Ｐのバランスが必要という理屈も当たっていますがこの考えによっても勝ち抜くための最終的な鍵となり得るようなことはないでしょう？

　同業者で全てのパターンを試しているのではないかと考えられるからです。よって、もっと革新的にやり方を変えないといけないのではないかと思います。

４．会社規模と販促戦略

　販促戦略と会社規模との関係は一般的に
・大企業・・・総合イメージ戦略
・中小企業・・・ポジショニング戦略
　と言えると思います。

　ポジショニング戦略とは、他社との比較によってどのような印象を持って貰うかと言うことであって、分析の手法は縦横に「価格」「来店ニーズ」などの２軸以上の要素を決めて、他社と自社の位置をプロットしていきます。これで自社の立ち位置が、明確になりますが、この手法には限界があると思います。

　例えば、今般のコロナ騒ぎでは飲食業というだけで、ひとくくりにされてしまいました。

　では、どう考えたらいいかと言うとオンリーワンの企業イメージを目指し、その活動自体が販促効果を持つと言う考え方です。小規模企業も同じ考えでいいと思います。

　これは、難しいかもしれませんが、そこまで行くと引きの戦略になりますので販促経費が要らなくなると言うことまでが想定されます。

５．最新の流通戦略との関係性

　これらもやってみて初めてメリット・デメリットが分かります。
　時には書籍にも載っていない思わぬ副次効果を感じることもあります。
　これらに取り組むためには一歩踏み出して行ってみるという遊び心を持

つべきで、柔らかい発想が必要となります。中小企業ならではの色を出し たい出したいものです。

・**リモート**　メリット　遠方でも教育ツールを使って教育しようという
　気持ちが芽生えてくる。
　デメリット　リアルタイムでのスタッフの状況確認や安否確認が行いに くい。
　自分のペースで仕事をして良いというのも間違った解釈をして夜型業務 になる人がいる。リモートで仕事をしてもらおうと管理者としては少しで も管理しようという気持ちになり、逆に従業員は公私の区別がなくなるの で仕事中毒になる人がいる。

・**シェア**　メリット　上手くランニングすることが出来れば共同で利用し
　ているということで商品サービスにパブリック色を出すことが出来る。
　デメリット　サービス提供者・商品供給者側では商品設計が難しく収支 を合わすこともかなりのハイレベルな技術が要る。

・**フリー**（＊）　メリット　無料部分と有料部分の比率を常に見ることに
　より景気判断が自分で出来る。
　消費者の心理を深く読む意欲が出てくる。
　無料ステージから有料ステージに上がる比率が次第に読めるようになる のでマーケットの確率計算に強くなる。（しかしこの確率も時代のムード により比率が変動するので長期的収益の予測は成り立ちにくい）
　デメリット　消費者心理を煽ってしまう思考になる。
　マーケット内の個々のユーザーをデータとしてみてしまう傾向が出てく る。
　これについては電話で満足度を確かめるなどあえてハイタッチなふれあ い部分を残すべきである。

　これらのそれぞれの潮流は行ってみると時にクロスしていきます。

　例えば、フリー戦略とサブスクリプションサービスは近い関係にあり、フリーステージで満足して貰った方がサブスクリプションサービスを契約する傾向があります。

（＊）フリーとは無料の意味。フリー戦略で収益を取る方法は以下の２種類があります。
・フリー部分と有償部分の２段階にして、フリー部分でコンテンツの高さを信用した人が有償部分で消費するスタイル
・フリー部分での集客性の高さを発揮して、そこに宣伝スペースを提供し広告したい第３社より広告費を貰うスタイル

・サブスクリプションサービス
　近年の流通の用語としてサブスクリプションサービスというのがあります。

　ユーザー志向に合うものとして広がりつつありますが、これは、商品・サービスの対価を都度払うものではなく、その購入・利用の権利を買うものです。

　サブスクリプションサービスは誰かがこのサービスを業界で始めたとなると、急いで我が社も参入出来ないか検討する必要があります。そうしないと一人一人の可処分所得の関係からＡＭＡＺＯＮで何でも買う人は他に消費が回らないようなことになります。

　サービス業小売業に従事する従業者は取り組めるかどうかの検討が至急必要になります。

・シェア
　今後の生活シーンの中に取り入れられていくでしょうが、事業所側にと

っては商品の中でそれを取り入れていくのは非常に難しくなります。

　視点を変えて、従業員のダブルワークの場合その従業員を他の事業所とシェアしているのだと考えると分かりやくなります。これこそ実践してみて初めて分かることです。

　有効性としては一つ言えるのは事務処理のダブルワークは時間を調整して処理できるので、女性にとって魅力的なものだと言うことです。次に既存のワークとの相乗効果が出るように図ってあげることができれば更に効果が上がります。そのためには使用する事業主同士が話し合う必要もあるでしょう。

　また、例えば一つの事業所が複数事業展開して従業員を双方で使っているような工夫したパターンもあります。ヘアーサロン事業者が隣でイタリア料理店などをしてスタッフを双方で使うという例がありますが、この場合、労働者にとっては手先の器用さが共通して活かせる点、将来に向けて２つの技術を学べる点などが好評のようです。

６．共同経営（コラボレーション）

　中小企業は経営支援が限られているので共同化が有効であるということで昭和の時代から施策としてうたわれてきました。

　議論としては理解できるところでしょう？しかしほとんどは入り口で止まっている段階です。

　その入り口段階での施策として異業種交流などの施策の手も打たれたにもかかわらずです。

　ではコラボレーションの成功要因とは何なのでしょうか？

　それは、それぞれの得意分野を活かすということではなく大同小異を捨てられるかということです。

　ランニング段階でどれほど相手を許容し我慢できるかです。

　私の場合も、実践論から出ていてコラボレーションを実践していますが

まさに我慢の日々です。一時の感情の行き違いでこのつながりを完全に壊してしまう性格の人は意外と多くいます。

７．海外戦略

海外向けのコンサルティングに関しては１０年ほど前に精力的に取り組みましたが、惨敗に終わりました。それはクライアントが理屈は分かっても、潜在意識において海外志向性がない場合が多く、その感情を無視して強引に向かわせようとしても無理があるということが分かったのです。

現状の日本では海外の需要や外国人の人材活用をすることが不可欠なのは理解できるでしょう？

海外ビジネスでの成功している人のイメージは情熱家であり、海外での職人という感じです。これはその国のビジネスがよほど好きなのでしょう？

だから成功するまで踏ん張れるのです。

海外ビジネスについても各段階のノウハウがあり説明できますが、ここではこれで留めておきます。

是非ともその感情的な意味合いでビジネスチャンスを逃していないか考えてみてください。

８．知財戦略

知財戦略をほとんどの人は勘違いしています。

それは権利を登録してそれにより、収益を生み出すという手法は実は知財戦略の１／２でしかなく、知財戦略というのは自社技術が権利登録できるかどうかを調べていく過程で他人の権利を侵していないかということを検証することにこそ価値があるのです。

その過程で実は先に登録されていたというのを知るということはよくあ

るケースなのです。

その知財もソフト化しています。

また海外での知財戦略には国の様々な支援策を活用できる時代となってきています。 （海外での模倣品対策など）

９．労務戦略はパートをパートと見るな！

パートと女性の戦力化について、最もダメな組織戦略は正社員とパートを完全に切り分けてしまう経営スタイルです。

しかしこの経営スタイルの方が圧倒的に多くなります。

会社は、今後は正社員というのは満足に採れない時代になります。地方においてはその傾向が顕著になります。

パートの実力を伸ばして戦力化・正社員化していきたいところです。

主婦・元職員・外国人などの寄せ集め集団で戦っていかねばならない局面が来ているのです。

それでもパートを正職員クラスに引き上げる場合に能力的に適応できるのは良くて３人に１人ほどの割合でしょう。

能力的な問題に加えて本人のライフスタイル選択によりそれを望まない人たちもいるからです。

最近の労務管理ではキャリアアップの試験を受けるのは嫌だと拒否されるケースが出てきています。その場合事業主は辞めてもらうことも検討すべきです。その会社に入るからにはパートであっても能力を最大限発揮するのが責務であって辞めて貰うことによって会社の方針を社員に明示すべきでしょう。

１０．労務管理センスを鍛える

センスと言ってしまうと身も蓋もないのかもしれませんが、センスとは

磨くものであり、最もいけないのは本で読んだだけの知識をそのまま会社に当てはめようとすることです。人は感情で動きます。社員の感情的部分を注意しないと命令に対し面従腹背状態になります。

　特に女性は理屈で説明しても上司は果たしてそれが出来ているのかという目で見ます。

　近年では福利厚生のともりでの飲み会は若者が喜ばないと社長は言います。それも表層的な部分だけしか見られていないケースが多く、新人が嫌がる宴会とは上司の自慢話と説教を聞くような宴会です。

　若者を主役としたり、若者の悩みを聞いたりするような場所にすればそれは心の中では恩義を感じているものです。

　その感謝の気持ちも上司との世代感覚が広がるほど感情表現が難しくなってきているのを理解しなくてはいけません。

１１．業績拡大時には生産性は落ちるものと覚悟する

　政府は先進国の中で生産性が最下位ランクと言うことで、助成金の仕組みの中でプレミア条件をつけて、引き上げるのに躍起になっています。

　しかし、会社のケースを分けて考えるとこの引き上げが難しい会社があります。

　生産性公式　　（営業利益＋人件費＋減価償却費）÷従業員数

A　業務量が労働時間以上にあり、そのキャパシテイを上げることにより、利益の向上が見込める事業所
B　業務量が顧客のオーダーにより左右されるサービス中心の業種、単純に労働時間削減はサービスの低下を招く事業所で、一般的に小規模事業所は圧倒的にＢタイプが多い。

Ａのタイプは新入職員を大卒新卒と考えると教育期間の必要もあり、生産性が低下するのは理解できるでしょう。

　しかし、これは、中途採用でも同じ傾向を示します。

　中小企業は良い意味でも悪い意味でも社長の顔で売上を作っているのです。これで、悩んでいる事業主は多いのですが、将来のため縮みこんでいる状態と割り切るべきです。

１２．欠けているのは税制知識

　中小企業支援策は税制・資金調達（制度融資・再生支援・補助金・助成金）となります。

　民間金融機関も金融庁の指導を受けるので、一般的には公的支援制度に入れます。

　中小企業の場合最も関心のあるのは返済不要の助成金・補助金です。

```
公的支援制度┬①税制     ┌(②民間金融機関)
      └資金調達 ┼③制度融資・④再生支援・⑤保証制度
            └⑥補助金・⑦助成金
```

　しかし形だけこれらを導入しても効果性を検証する気持ちがなければ意味がありません。

　いや補助金漬けの倒産というのは珍しくないのです。

　制度融資というのは行政の融資の仕組みで通常保証という形となります。

　再生支援というのは業績の悪くなった先に対して施す施策であり、研究はしておくべきではありますが、現実的には策を施しても再生できる企業は少なくなります。

　これは市場の論理との関係であり、再生支援の施された企業より、市場はるか高いレベルで競り合っていることになります。

　そして残った税制が最も中小企業の知識の欠けている分野です。税制は複雑であり、よく変更があります。

　中小企業事業主の知るべきはその複雑な知識ではなく税制の仕組みです。

　経営というものはキャッシュのキャッシュを残していくゲームですので常に利益額と手持ちキャッシュのバランスを図るべきです。

　会計は税理士さんに任せておけば大丈夫と事業者は勘違いしています。

　税理士は税務の法律に従って処理するだけです。大きな儲けが出ると納税額は大きくなります。

　すると期末に節税をして欲しいという二重の依頼を受けるので基本的に儲けのアドバイスはしません。儲けることそして節税していくことは自分で勉強して考えていく必要があるのです。

１３．財務管理戦略、まずは、見える化

　税務知識が大切と説明した上で最後に財務管理戦略です。

　財務管理で何が必要かと言えば、まずは、見える化です。

　事業継承塾などに来る継承者には、自社の決算書を見せ貰っていないとい方が結構おられます。

　その部分を知らずに知識だけ学んでも意味はありません。

　また、多くあるのが税理士任せのパターンです。

　今回のコロナ騒ぎでそれではいけない、せめて資金繰りに繋がるところは自社で掴むべきだと言うことが判明しました。

　会計部分をアウトソースするのはいいでしょう。

　しかし、自社で、動きをリアルタイムでつかんでおくべきです。

　そのやり方は会社で工夫すれば、なんとでもなります。

　良くあるのが請求書が来るまで、会計情報をインプットしないと言う企業です。

　債務の発生が起こった時点で数字としてつかむで掴むべきです。

リアルタイムでつかみ始めると会社の会計と言うのは回収して初めて資金繰りに反映すると言うことが体感できます。

　この仕組みを会社内に構築すれば、ほぼゴールに近く、後は、会計情報を指標化してレベルアップして行けます。

　その上で、意識すべきは損益計算書と資金繰りの動きと違いです。

・経費は税金算出の上で、落とせる経費とそうでない分がある

・借入返済部分は経費算入できない

・設備投資は減価償却部分だけしか経費で落ちない

　これで出来るだけ直近の動きをつかみ、資金繰りと決算の見込みをシミュレーションしていきます。それを頻繁に繰り返す以外に経営の王道はありません。

第5部
京都の経営戦略の特殊性を覗く

この章は決して京都の経営が優れているということではありません。ただ、興味があることは確かでしょうし、特殊性があることも確かです。

　ここでは、御社の経営戦略と比較して、考える材料としてください。

１．京都の経営の秘密

（１）温故知新を重視している

　これは、昔からある既存技術を時代に合うように活かすということです。代表がセラミック技術の京都セラミックです。

　この部分は京都では厳しい目で見られていますれていので、単なる技術の応用展開程度では革新とは認められません。

（２）マーケテイングでの選択集中を課すためにあえて一元さん断りにしている。

　これは、体裁上はよく知っているお客さんにしか満足なサービスを提供できないからとしています。

　観光客は一元さんが多いではないかという反論が出てきそうですが、実は観光で食べているのは極少数です。

（３）してはいけないことを社訓・家訓にしている

　浮利を追わずというようなことを家訓にしていることが多くあります。

　この精神の影響もあり、京都の事業者はなかなか取引先を変えません。

　これだけ見ると革新性に乏しいとも言えますが、だからこそもう一方で常にやり方としての温故知新も重視しています。

　それがない保守的一方の事業者はいずれ歴史の中で消えていくでしょう。

２．京都の経営の複雑さ

　これから京都経営の特質を紹介していきますが、その内容はそんな、単純なものではありません。

　強みは同時に弱みにもなり、機会は脅威と裏返しなのです。

　そんな事例をあげます。

　京都の経営で

・温故知新の技術革新

・マーケテイングを狭め顧客の質を上げる（一元さん断りなど）

・禁を社訓・家訓にして戒めとする

　ということでこれが良い方に出るとは限らず、新たな取引に消極的になり過ぎると言う場合もあります。

　京都の場合、特殊な閉鎖社会なので、保守経営や、無借金経営で生き残っていける場合があります。

　例えば、１００年以上生き残っていた会社が突然倒産して、実態を調査してみたら中身はぼろぼろだったという例が時に出ます。

　実際、今回の騒ぎでＩＴ化の遅れていることろの多くは破たんするでしょう。

３．京都らしさが行き過ぎると

　門掃きというのをご存じでしょうか？

　これも良き習慣として紹介されるケースが多いのですが、開店前に店の前を掃くと言うものです。

　これは綺麗に言うと「顧客への感謝への気持ち」ということですが、その裏側は「店の前だけを掃く」ということなので、

・その行為を見て貰っている

・自分の店の前が綺麗になる

という京都弁で「ええかっこしい」の側面もあります。

所在地を地方に移した場合、京都の経営者の間にのみ「みやこ落ち」という酷評した言葉があります。

京都では実践をしていてまさにこれに出会います。資産を売ればキャッシュが出来るのに、みやこ落ちするくらいなら倒産を選ぶと言う京都の経営者が多くいます。

他府県の方は、これを読んでどう感じるでしょうか？

4．京都は情報に聡い

京都の経営者が、情報に聡い点については、歴史的背景も絡んでいます。

京都は長く、都でしたが、その半面、有力な武将が育たず、地方から天下布武を目指して上京してくる勢力に影響を受けるという状態でした。

また、神祇関係の技術職も多く住み、それら技術職のエリアは大名の統制を受けない天領とされていました。

私が、この原稿を書いている山崎の地も、荏胡麻（えごま）油という綺麗な油がとれる油座として天領でした。

戦国時代に地方の有力大名が天下統一に京を目指して昇ってくる気配があると、彼らに先んじて、天下統一をしてもこの地は天領のままにしておいてくれというお願いの信書を送っています。（という証拠が武田信玄の遺産などで証明されています）

この背景が情報に早いという歴史的な話ですが、入手する情報は真正なものばかりではなく、いかがわしい情報を信じて金融機関も巻き込んで一大事件を起こしてしまった事件もありました。

情報は一人歩きする例でもあります。

結論として何が言いたいかと言うと情報に早いことは一見良いことではあるけれど、情報を生み出す側に回らないと真の意味での強みとはならな

いと言うことです。

5．女性経営者の強み

　最終章が女性経営者の話なので女性という観点でも強みを纏めておきます。

（1）消費者目線を忘れない
　アイデア商品で特許などで売り上げブレイクするのも女性発案の場合が多くあります。翻って男性経営者は経営履歴が長いほど消費者感覚を忘れていく傾向があります。

（2）男性の縦型社会に入らない
　男性経営者の場合、各種の団体に入っていくのは逆に先輩後輩の系列と求めての場合が多くなります。女性の場合は営業機会を求めてとはっきりしています。

（3）営業センスが優れている
　これは、異論もあるでしょうが、理屈よりも直感的な部分や感情に訴えるところが優れています。
　しかし、京都はマーケットを絞った特殊社会ですので、そのマーケットへの入り方を間違うと女性でも、いや女性であるからこそ厚かましいと思われます。ＳＴＯＲＹでもそのあたりの呼吸を味わってください。

６．次章の京都の話の読みどころ

　次章の読みどころという形で先に書きます。

　目的はビジネスを興す上でのスピリッツの部分と前章で解説した京都経済の特殊性を体感していただけます。ラ天使のエチュードとは女性起業家のイメージの総称です。

　この話は、読む際に世の中を俯瞰して貰う為に、昭和末期から平成初期の時代の舞台設定にしています。

　当時の時代の雰囲気も楽しんでいただければと思います。

第１章　西陣織物編

　時代はバブル経済の後期から終期、実際に私の祖母が織子として暮らした地域（西陣）の話です。

　この話の蝶子の知恵は実際あった話でこの工夫をした人は蔵が立ったと言います。

　ここでのポイントは日々の累積効果です。凡事徹底です。

　後半の蝶子が流通を縦に壊しに行く場面は、女性ならではの強みを生かしています、当時の京都の雰囲気よりこの事件を発端に男社会から少し浮いてしまっている場面も書いています。しかし、決して嫌われなかったというのが人間性でしょうか？

第２章　水商売編

　ここでは、水商売創業の実践から、いかにビジネスを立ち上げるかのイメージを持って貰います。

　ここで、始めて蝶子はビジネスを失敗して、いかに、創業のミッションがずれを生じていないかが重要であることを感じて貰います。

第3章　京都伏見土地取引編　あらすじ

　この場面は純粋にエンターテイメントとして書いたために、今回は本書の主旨に合わないと感じて、あらすじだけにいたしました。

　小説を商業出版した際には全篇お楽しみください。

　終盤に出てくる社長がベンチャー編での重要な人物ですので人物交差図だけを掴んで下さい。

第4章　ベンチャー育成編　前半

　ここでは、京都経済のいわゆる「いけず」な部分を醸し出すことに腐心しました。将来京都で事業される方もおられると思いますので雰囲気を味わってください。

　京都経済の特殊性を描くとともに製造業でありがちな縦の構図を描き、いったん蝶子は旧勢力に敗北します。

第5章　海外放浪編

　ここも世の中を広く見つめるために時代を巻き戻した形での中国・アメリカ・中東・インドを舞台として蝶子が様々な教えを請うシーンを描いています。

　中国編の海雲講師は今の有名経営者のオマージュですが誰か分かりますでしょうか？（アリババの総帥ジャックマーです）

第6章　ベンチャー育成編　後編

　最終章は蝶子がいわゆる倍返しするシーンですが、感じて欲しかったのは製造業者の強みとは何かと言う根本的な部分です。

　また、最後には世界は広いということを感じて欲しかったのです。

　嫌味な京都人の九十九一力の最後の言葉にも注目してください。

　中国の地方都市で一人逝くラストシーンは、何を暗示しているのでしょうか？

名誉のためでなく、金のためでもなく、一人己の道を行け

では、ラ天使のエチュード〜遠野木蝶子のビジネス闘争史〜をお楽しみ
ください！

ラ天使のエチュード年表

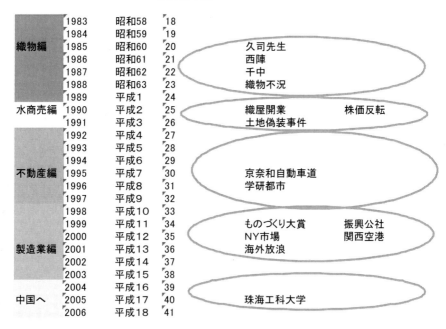

				主人公年齢		
	1983	昭和58	18			
	1984	昭和59	19			
織物編	1985	昭和60	20	久司先生		
	1986	昭和61	21	西陣		
	1987	昭和62	22	千中		
	1988	昭和63	23	織物不況		
	1989	平成1	24			
水商売編	1990	平成2	25	織屋開業	株価反転	
	1991	平成3	26	土地偽装事件		
	1992	平成4	27			
	1993	平成5	28			
	1994	平成6	29			
不動産編	1995	平成7	30	京奈和自動車道		
	1996	平成8	31	学研都市		
	1997	平成9	32			
	1998	平成10	33			
	1999	平成11	34	ものづくり大賞	振興公社	
	2000	平成12	35	NY市場	関西空港	
製造業編	2001	平成13	36	海外放浪		
	2002	平成14	37			
	2003	平成15	38			
	2004	平成16	39			
中国へ	2005	平成17	40	珠海工科大学		
	2006	平成18	41			

第６部
小説「ラ天使のエチュード」
～遠野木蝶子のビジネス闘争史～

第1章　西陣織物編

1　西陣

　昭和５７年、１７歳の秋

　遠野木蝶子は佐々木芳江宅に機織りの仕事に出された。

　場所は千本出水と言われている地区でこのあたりまでを京都の人は西陣と言う。

　織物が発展したのは市内では室町と西陣だったが両者の比較はまた別の回でする。

　遠野木家は佐々木家より西に５００ｍ、質素な居酒屋だった。

　佐々木家はご主人が戦死、今は芳江が機織りで３人の息子を育てていた。

　居酒屋と機織り屋では当時は、機織り屋の方が活気があった。

　佐々木芳江は父が経営する居酒屋の客だった。

　当時西陣地区では、織物屋の周りの民家の多くはこの機織り機をおいてその下請けのような仕事をしていた。

　個人（主に主婦）に織物屋の受注量によって仕事を出す形が最も効率が良くこの形態によってこの地域は発展したのである。

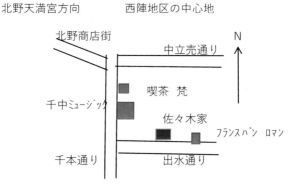

　京都ではもうひと地域この形態をとり発展したのが丹後地方であり、今でも市内と丹後地域を結ぶ着物便というトラック運送がある。

　当時、この西陣地域の西端にある北野商店街は隆盛を誇り、休日には嵐電嵐山戦で、遠くから買い物客を吸引していた。

　白梅町のイズミヤが出来るのはかなり後の時代である。

　さて、物語を始めよう。当時、遠野木蝶子は中学卒業して、佐々木家へ見習いに入った。

　そのカタコトと単調なリズムを繰り返す町の中で、商売の感覚を覚えたと蝶子は後に語っている。

2　大池利男

　佐々木芳江は、２人の子を太秦の実家に預け機織り商売に励んでいた。

　機織り機は２台あり、１台を自分が、もう一台を蝶子に任せていた。

　仕事をもらっている織物屋などに出かけていることも多くもう一人忙しいとに手伝いに来る地域の高齢者、金子さんがいた。この金子さんもご主人を戦時中に硫黄島で亡くしていた。

　芳江は、現代の経営用語でいえば、工程管理はうまくなかったが営業はうまかった。

　うまかったというより地域の情報の集まる処をなぜか抑えており、仕事につながった。

　そのような情報の集まる場所がどこかを感じる才能があった。

　戦争未亡人でがんばって仕事をしているという同情票にもうまくのった。

　普通は織物１社の専属下請けだったのが佐々木家は複数社の取り扱いをししていた。と言っても売上の比率の７〜８割は池善だった。

　機織り仕事自体は単調なものであり織り機の動かし方などは、蝶子はすぐに覚えた。

スピードもすぐにパートの金子さんの2倍に上達した。

蝶子の楽しみは数件東にあるフランスパン屋「ロマン」のパンを買いに行って食べることだった。

京都は実は現在のしゃれたパン屋の先進地であり、朝から市内のところどころでいい匂いを店からたてていた。昼におなかがすいてくるとその匂いが妙に漂ってくる。蝶子は芳江がいないときは早めにロマン屋、女主人、堺美智子の店に走った。

西洋へのあこがれもあり、「こんな美味しいものを食べられる」という罪悪感にも似た思いも感じながら食べた。

さて、商売には、製造と販売がある。

製造はひととおり覚えた蝶子だったが、販売の方は様子を見ていた。

各下請けの過程には仕事をもらっている織物屋の担当者が出来上がりの反を取りに来る。

その時の話し合いが次への商談と言えば言えるのだが、もっとも頻繁に訪れる池善の中年の担当者、大池利男は京都の営業にありがちな最も食えないタイプの男だった。

3　嫌味な京都人

ここで、佐々木家のシーンに入る前に京都の織物の代表地、室町との比較をしておきたい。

室町は、室町通りと言う京都の一等地に軒を構え、立派な法人経営していたのに対して、西陣は経営者個人にも資産を残す経営をしていた。

経営の本質から言うと前者の方が正解のようだが、着物バブルの崩壊に際しては賃貸業などに転業していた西陣の方が傷は少なかったと言える。

いや、室町の会社は土地の担保見合いで、もともと「ない」売上を伸ばしていたのだ。

「芳江さん、これが、一反分で、こっちが、――調の柄の一反分ですな、

おおきに」

「大池さん、元誓願寺通の方では、一反＊＊円でやっているって聞いています。うちもそれに合わせてくれませんやろか？」

「芳江さん、無理言うたらあかん。それは、宮崎さんのとこですやろ？あそこは、機子４人も抱えてやってもらう量がまったく違うんや。あんまり私に無理言うて、泣かしたらあかん」

　営業と言っても５０歳代の老練な大池の話し方に、いつも芳江は丸められるだけだった。

　それをじっと聞いている蝶子は、「もともとやり方が下請け、この勝負、相手の土俵なのでどうにもならない」と思いながら聞いていた。

　一見、どうにもならない賃加工料

　それを、考えられない方法で蝶子は突破していくのだった・・・

４　閃き

「蝶子さん、はじまるえ〜久司先生の実験〜」

　と仕事も終わった夕暮れ時に、奥の芳江の部屋から呼ぶ声がする。

　蝶子の楽しみにしていたのは、久司先生の食育実験だった。

　久司道夫は江戸時代の食医師、石塚左玄の考えを受け継いだ食育の

　普及に努めていた。（久司に伝えたのは桜沢如一）

　これが久保道夫に受け継がれ、現在ではマクロビと言われている。

　あのスティーブジョブスがこのマクロビに嵌り、医療による治療を拒否して、命を落としたのは有名である。

　このＴＶ番組は、食により体の体質を直したりする実験を追うものだったが、今回の実験は変わっていた。

　実況アナウンサーが、「さて、準備は出来ました。これで、下からか燃やすんですね、久司先生」

「はいそうです、左右どうなるかみていてください。」

右に酸性が、左にアルカリ性が染み込んだ２本の糸が横棒に括られ、それぞれに硬貨が吊るされている。

　ここでは、酸性の方の糸は、肉とか脂っこいものを食しているケース、

　アルカリ性糸は野菜などを中心に食しているケースと思っていい。

「では火をつけてくだい」との久司先生の声に合わせて白衣の実験員が２つのアルコールランプに火をつける。

　すると、アルカリ性の方の糸がふあっと燃えて硬貨が落ちてしまうのに対して、酸性の方の糸は黒く炭化するがしっかりとあり、硬貨を吊るしたままであった。

　久司先生が言う。「左のようにアルカリ性を常に食していると、この実験のように血がさらさらとなりますが、肉ばかり食べていると血が酸性になり、この硬貨が落ちなかった糸のようにねばってしまうんです！」

「はあ、やっぱり野菜をたべなあかんえ」という横で、何かに見入られたように蝶子はＴＶ画面をみつめていた。

　この時、蝶子は後に西陣で伝説となるある手法を思いついたのだった。

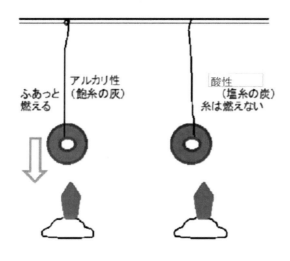

5　加工賃アップ

　その日から蝶子は、佐々木芳江に2階の空き部屋で寝泊まりすることの了解を貰い、
・空いている機織り機の木型
・物干し竿（小さいサイズ）
・紐
・文鎮などの重石
・メジャー
　を用いて、ある実験に入った。
　それは、製造物である反物の引き延ばしである。
　当然発注者には分かってはいけない。
　反物を何回も織り直し、跡がつかないように工夫した。
　実験を繰り返し、見た目では全く分からない仕上がりの反物が出来た。
　出来上がりを測ってみると約1．15倍になった。
　これを以て、売り上げ、すなわち利益が115％になったと感じる人は単純すぎる。

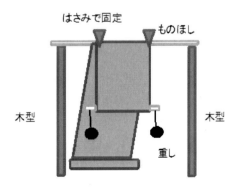

これを作業時間などの要素が入ってくるからなのだが、それはまた後の話。後に、遠野木蝶子はこの時に何かに目覚めたと語っている。

引き延ばした反物を納品物の中に紛れ込ませ、いよいよ、大取引先である池善の大池利男が引き取りに来る日が来た。

見破られないための対策として蝶子は引き取り時に大池に積極的に話しかけた。

ＴＶで最近人気のしらきみのるのや藤田まことのこと。または力道山の強いことなどを

それで、妙な空気を感じたのか大池は引き取り物、しかも、その実験物をしげしげと見た。

心臓が飛び出そうになる蝶子だったが、大池から出た言葉は、「こりゃまたよう織れてますな」だった。

6　次のステージへ

反物引き伸ばし作戦に成功した蝶子のその後の行道を駆け足で纏めておこう。

まず、実験は続き品質を上げることに１週間を要した。

仕上がりに自信が持てた頃に初めて、佐々木芳江に打ち明けた。

驚いた芳江だったが、仕上がりが間違いないことと、売上が上がる方への秘密だったので、了解した。

芳江もこのような話が分からない堅物ではなかった。

これで、蝶子の工賃は１．１倍に上がった。ただし、蝶子の希求するのは商いの追求であり、これで浮かれることはなかった。

問題点も出てきた。この作業にはのばしが必要で、織りの仕事を何回も中断する訳にもいかず、どうしても夜なべになる。

そうなると工賃アップの意味がなくなった。

そこで、蝶子は表で遊んでいる子供を使うことにした。

　お駄賃は、「ロマン」でしいれたコカコーラやセブンナップだったが、もっとお駄賃として効き目があったのは、2階に上がればTVが見られるということだった。

　特に「柔道一直線」を子供達は楽しみにした。

　商売のやり方を変えて、利益を出すことに興味を覚えた蝶子の次の関心は、原料である糸であった。

　この西陣地区の織り屋はほとんどが、個人なので、材料支給方式だった。

　要するに織物屋、あるいかその卸から材料を貸して貰っての賃加工だった。

　西陣に数軒、材料支給ではない材料持ちのところがあった。

　そのひとつが、大池と佐々木の話でも出た元誓願寺の宮崎織化工であり、数少ない織加工での法人企業だった。

　織子の人数も多く販売しているところは、急な受注に対応できるキャパがあるということで、宮崎織加工を重宝していた。

　そこのパート、藤村美園に蝶子は近づいた。

　ただ、ここからの動きが、発注者と下請けで統制のとれていた西陣の調和を崩すことにもなり、蝶子は後にしっぺがえしを喰らうのだった。

7　船場

　蝶子は宮崎織加工の藤村美園に近づいた。

　休日、喫茶「梵」へ餡蜜を食べに行こうと誘った。

　かなり打ち解けた雰囲気になってから聞いた。

「そんで、宮崎さんは、糸を自分のところで買っているの？」

「うん」

「どこで？」

　一瞬の沈黙の後、美園は「大阪の船場、糸仙、でもその糸仙の村田言う社長がまた、がりがりの船場商人で変わってるねん」

「なんで、そんなところと取引があるの」

「うちの社長と遠い親戚らしい・・・」

「値段は・・・」

　そこで、また沈黙「美園ちゃん、餡蜜奢ってあげるやん！」

「でもなんでそんなん聞くの？」

「私、個人的に興味あんの」と蝶子は声をひそませて言う。

「うん、一尺で＊円」

　佐々木での単価より少し高かった。

　賃加工はその加工部分しか値段がついてこないからである。

　蝶子は休日、阪急と地下鉄を乗り継いで、初めて船場に出た。

　この物語は、昭和５０年代、その頃、船場センタービルがあったかなかったかと言うと当然存在した。１９７０年（昭和３６年）に開業である。

　蝶子はあまりの人の多さに驚く。

　そしてそれよりもっと驚いたことは大阪船場の商人が客を客とも思わないえらそうな態度で商売していることだった。

　この時、蝶子は船場センタービルは基本、対事業者であり、一般客はお断りであることを知らなかった。

8　村田 瑛豪

　蝶子は船場センタービルの中を歩いた。

　洋服・下着・生地屋・リボン屋などに加え文房具など、金物屋などもある。

　すごい人が押し寄せていて、店主となにやら交渉している人もいる。

　高鳴る気持ちを抑え、宮崎織加工の藤村美園に書いてもらった地図のメモで糸や糸仙を探す。探す。探す・・・あった。

　予想に反してかなり間口は小さい。普通の店の３分の１程だった。

　４坪程

　高齢の男性が商品の奥で、椅子に座って目を凝らしている。

　まず、蝶子は、糸仙の商材を見た。

　様々な原材料・色ねの糸

　その時、その店を見守っている男性から「おい、冷かしやったら帰ってや」

　帰ってやとは客と思っていないのか？と感じながらもそれを堪え蝶子は「あの～糸仙さんというのはこちらでしょうか？私、京都西陣の佐々木という織り加工しているところの遠野木と申します」

　「それで、なんや、わしは、糸仙の村田　瑛豪や」

　これが蝶子と村田瑛豪との出会いだった。

　頑固きわまりないこの村田を蝶子は自分のペースに嵌めていくのだった。

9　村田　瑛豪2

　「お前なにもんや」という客を客とも思っていないような言葉が村田との出会いの言葉であった。

　蝶子は「私、京都西陣の佐々木という織りのところの・・・」と自己紹介した。

　「ほんで・・？」と飽くまで冷たい。

　蝶子は「あの今は糸を材料支給でやらせて貰っているんですけど、将来、材料持ちに・・・」と説明しながらも蝶子は、他の店より、極端に来客が少なく、この店は儲かっていないのではと直感した。

　「あのなあ、遠野木さん、この船場は基本的に一元さんお断りなんや、京都でも祇園辺りは同じやろ」

　「でも、見渡したところ、そうでもないような・・・」

　「見物客は船場の賑やかしやがな、新規で取引するのにも会社の体裁になっているかの審査があって認めれられて、初めて取引や、さっきの話では小さい事業所さんなんやろ？」ととりつくしまもない。

そこで、これ以上押しても無理と思った蝶子は「これ貰っていいです
か?」と糸仙の会社案内とも商品案内ともつかぬ、一枚のチラシを手に取
った。
「ああ、それくらい持って帰ってもええで、もっと世間の勉強してくるこ
とやな!」と村田はぴしゃりと言った。
　それから、一ヶ月後、蝶子は、糸仙を再度、訪ねた。
「ああ～この前のねいちゃんかいな、あかんもんやなんぼきてもあかんで」
と、素気無さは同じだった。
　しかし、蝶子は「分かりました。ちょっと勉強に商品をじっくり見せて
ください」
「ああ、しゃあないな」と村田はそこは折れる。
　商品と言いながら蝶子は客の方に興味があった。
　やはり、人の入りは少ない。
　しかも、来ているのは他の店と違って老人ばかり。
　その中の糸を腰を屈めてみていた老婆が、ふらっとよろめいた。
　あわてて蝶子が抱きとめた。「おばあちゃん大丈夫?」という後ろから
村田瑛豪が「ああ、山村織物の山村さん、無理して出てきたらあかんがな、
家で寝ときっていうてたやろ!」と他の客にも、口が汚い。
　帰り際、村田は「そんな熱心に来るんやったら、お姉ちゃん、いや、蝶子
さん、週2日、糸仙のしかもこの店の売り子として、手伝ってくれるんや
ったら考えたるわ!」と、そこまで出来んやろうという態度で言われる。
　蝶子はこの時に、糸仙との取引への全く別の道を思いついたのだった。

10　御神託

　また、1カ月を開けて蝶子は、船場の糸仙を訪ねた。
「村田社長さん、この前の週二回、糸仙さんをお手伝いというお話ですけ
ど、やっぱり佐々木家での仕事があり無理です。すいません」

78

　村田は、初めからふっかけただけなので、そうかいなという顔で聞いている。
「そこで、お断りするお詫びに、八坂さんの社務所の御神託を貰うてきました。社長さんも忙しくて、あまり他に出られていないみたいなので・・・これよく当たるんです。私もちょいちょい貰いに行くんです。ええ〜今開けんといてください、後で見てください」
　これには、何を言い出すんやというポカンとした顔
　今回は早々に切り上げて、蝶子は京都へ帰った。

　また、1カ月後、訪ねる。
「ああ、蝶子さん、この前のおおきに、よう当たったわ！ほんま、この前の話、うちで働いてくれたら、西陣の1．5倍は出せると思うで」
「へえ、ありがとうございます。喜んでくれたらはるやろうと思ってまた、御神託もろうてきました。」
「またかいな、そうかいな〜」と村田瑛豪は今まで、見せたことのない恵比須顔になる。
そして、またまた、1カ月後、そして、とうとう・・・

11　変形アドバイス

　そしてとうとう4回目の訪問で、村田は折れた。
「もう、熱心にくるんで、取引考えたる、この用紙に会社概要を書いてくれっか、その代わりその御神託時々持ってきてや」
「社長さん、ありがとうございます」という蝶子は素直な笑顔だった。
さて、ここまでの経緯、読者の皆様は推測されただろう。
　まず、糸仙社長が手伝ってくれたらというふっかけに乗ればと思われた人はまず、創業には向かない。体は一つで融通が効かない。
　次に御神託を蝶子が、持ってきたということについて、八坂さんの御神

籤で「大吉」などが当りを持ってきたと推理された方が多いと思うが、それも違う。

　いけずな村田相手にはそれは逆効果になる。

　御神託の中にはこう書かれていた。

　商運　客の靴を見よ。足元に商運あり！八坂神社

　もちろん、それは、蝶子が書いたものである。

　二回目は、靴のところが服だった。

　それまでの訪問で、蝶子は村田が店に来る客の顔を睨みつけているのを発見した。

　そして、それが、客を引かせているとも・・・

　視線をずらしたかったのである。実際それで糸仙の売り上げは上がった。

　このような浮動客相手のマナーに客寄せ踊りというのがある。

　それは、客と視線を合わさず踊るということである。

　蝶子は形を変えて今流行りの経営コンサルティングをしたのだった。

　当時、経営コンサルティングという言葉は一般的ではなく、その分、占いやこのようなお告げが有効だった。今でさえそういうのに頼る人はいる。

　後日談として、実は村田瑛豪も蝶子が御神託の中身を書いているのを察知していたという、

　その上で何か自分に得なることなのかもしれないと、蝶子に乗ったのである。

　何はともあれ、これで、原材料購入の道は開かれた。

　しかし、その持って行きようについて、蝶子には２つの選択肢が出来たのだった。

12　転機

　原材料購入の道は開かれた。

　蝶子にとって2つの選択肢とは、池善を中心とする取引先に対して利を乗せるか乗せないかである。

　池善は加工賃であることを理由に値をたたきかなりの利益というバッファをとっていると思われる。

　そこで、材料持ちを理由に利を乗せて売ることは出来る。

　しかし、蝶子は糸買い取りの手間賃を乗せただけでそれをしなかった。

　西陣で悪評が立つことを怖れたのである。それでなくても閉鎖的な業界である。

　その代わりに、急な依頼にも対応できるというイメージの方を大切にした。

　値段を据え置いたことにより、取引先数も織り台も、織り子の数も倍になった。

　宮崎織加工の藤村美園も蝶子の引きで佐々木家にやってきた。

　糸相場を見ながら臨機応変に取引先に糸の融通もするようになった。

　もはや、織りの佐々木家の実質的な事業主は遠野木蝶子となりその噂は室町にまで届いた。蝶子は24歳になっていた。

　しかし、蝶子の織物分野での活動は突然終わりを告げる。

　佐々木芳江が病魔に倒れ、急死したのだ。

　蝶子はその名籍を接ぐ手はあった。が、それをしなかった。

　佐々木家で貯めた幾分かの預金だけを貰い静かに身を引いた。

　ひとつには、その時でも一番の取引先の池善社長の池田善兵衛が「あんな、聡い娘はわしはよう使わん」と継続取引を渋ったのだ。

　蝶子側にも理由があった。当時は、コネクションも広がり高島屋外商とも付き合うようになり、着物があまり売れなくなってきている情報を掴んでいたのだった。

その頃には動いているのは在庫だけだった。
明けることのない織物不況の足音はもうそこまで来ていた。

～西陣織物編　Fin～

第2章　水商売編

1　発端

（1）北川　修

　年号も変わり平成1年遠野木蝶子は、織屋の佐々木を閉めようとしていた。しかし、ことはそう簡単に進まなかった。

　まず、店を閉めようとした経緯はこうだった。

　蝶子は京都西陣出水の織屋、佐々木で佐々木芳枝のもと織物を学び、その工程に工夫を凝らして、収益を上げ西陣に蝶子ありの噂は徐々に高まって行った。

　蝶子は工程改善だけはなく、大阪船場で原材料調達の独自ルートの道を付けて、西陣の流通も変えようとしていた。

　それは賃加工と言う西陣の織屋、織子の慣習に資金繰りの変革をもたらしたが、それ以上に西陣に波紋をもたらした。

　佐々木家の売上の大半は西陣の中堅織物卸の「池善」の下請け仕事だった。

　その代表者、池田善兵衛が西陣での定められた流通の仕組みを壊すことに難色を示したのだ。

　しかし、そこは京都人らしく佐々木が船場と直接取引しようと、佐々木に圧力をかけることはなかった。

　しかし、佐々木家当主が病気で急逝して、名跡を蝶子が継ごうかと言う時点で取引継続を渋ったのだ。

　佐々木は法人化していなかったので、継承時に同一性を示すことはできなかった。

しかし、蝶子が閉店を決めたのは圧力に屈したためではなかった。

それは、西陣の事業所、船場の市場の状況、加えて、金融機関情報の全てが織物業界の景気が急下降することを示していたからだった。

それならば、逆に法人化する前の段階で済んでいるうちに撤退した方が賢いと思ったのである。

しかし、ここから話は二転三転する。それは、強力に支援すると言う金融機関が現れたことだった。

それは、京都の金融機関のひとつの顔、京都故宮信用金庫の北川修常務だった。

当時、織屋「佐々木」は各金融機関に満遍なく預金を置いていた。

最初は、材料支給方式なので「佐々木」は資金ニーズはなかった。

しかし、蝶子が船場で材料の直取引を始め資金繰りニーズが出た。

と言っても売上回収さえ順調に推移しそのニーズは数カ月で消えた。

その分を蝶子は西陣では取引歴の長い京都織物信用金庫にお願いした。

西陣本店の支店長即決でその融資は決まった。

それ程に、蝶子の活躍は佐々木の信用を上げていたのだった。

そこに蝶子の噂を聞きつけた、北川が当庫（京都故宮信用金庫）でも借りて欲しいとアプローチして来たのだ。

北川は融資畑の成りあがりのやり手だった。（成りあがりでない役員は金融庁、日銀からの天下り）

「蝶子さん閉める気は変わらんか？」と北川が聞いた。

「はあ」

「あんたの織物不況が来るという見立ては間違ってはいいひん（いない）わしもそう思う、しかし衰退も一気に起こるわけやない、この西陣の町見てみ、皆まだ、カタコトやっとる、そんな一気に消えんで、そんな時代こそ能力あるものが稼げるんや」

「はい、北川さんのおっしゃることも良く分かります。でも、もっと深刻に考えているんです。着物不況が来るように皆さん噂していますが、着物なんてもう普段は誰も着ていません。明治維新で着るものが西欧化した時点で着物の役目は終わったのかもしれません。では、なぜ、銀行さんが織物業に貸してくれるかと言うと、それは担保の土地が今まで上がってきたからです。それももう反転するとみているんです。この西陣でもその兆しが出てきています。その前に株価やとは思いますが、信金さんも気を引き締めんと大変なことになります」

「分かった、分かった、蝶子さん、あんたの言う通りや」

「でも、こんな一介の個人事業主に借りてくれって故宮信用金庫さんもどないしはったんですか？」

「いや、おかしない、わしはあんさんを足がかりに西陣の足場を築きたかったんや、幸い故宮信金は伏見の酒造を中心に業容を広げてきた。
事業所数が多い割には金融の手のついていなかった室町筋の織物も抑えられた。それでも京都全域抑えるには足りんのや、正直なところ」

「私を見込んで貰えるんはうれしいことですけど、見込み違いと違いますやろか？」

「いや、そんなことはない。私は子飼いの加藤から西陣に凄い人がいると話を聞きつけて、かけてつけて来て正解やったと思っている。これからの金融は情報戦や、あんたはその情報に聡い。西陣深耕の足がかりにぴったりやったんや、いや、今更こんなこと言うても仕方ないな・・・何か手を考える、じゃあ、また、蝶子さん」と言って北川は佐々木を去って行った。

　この後の人生でこの北川が大いにに絡んでくるのだが、この時点では蝶子には面白い人だというぼんやりとした直感しかなかった。

（2）池田善兵衛

　この蝶子の決断にもうひとり影響を受けた人物がいた。

　それは老舗の織物卸、「池善」の池田善兵衛だった。

この池善こそが蝶子との取引を渋り、店を閉店においやった張本人なのだが、西陣業界の中で自分が嫌がらせ行為をしたと言う噂が立つのを恐れたのだ。

　いかにも京都人らしい性格の持ち主であった。

　蝶子は一度話がしたいと言う池田の要望に応えることにした。

　場所は喫茶という新たな業態を西陣で認知させた「純喫茶　梵」だった。

「蝶子さん、ほんまに佐々木締めるのかいな？」

「はい、芳枝さんがなくなり、もう半年経ち、商売の後引きももうなくなりました」

「蝶子はんとの仲や、はっきり言わせて貰う、池善と取引せんかっても他の卸に広げていけば蝶子はんの才覚やったらやっていけるやろ」

蝶子は池田が自分の商売を邪魔したと言われたくないのだと感じた。

「池田さん、そんなことやないんです。私も若い頃から右も左も分からず、ここまで必死でやって来て、今、ちょっと自分を見つめ直したいんです」

　と北川の時に言った織物不況が来ると言うのとは違う説明をした。

　池田は苦い顔をして「そうか？あんまり無理強いしてもあかんなあ、そうや次にあんたが何か始める気になったらいうてきて、私も多少の協力はさせて貰う、そやないと西陣でわしの顔が立たん」と最後には本音を言った。

　蝶子はその気持ちを快く受け取った。

　これで、蝶子が次の事業をする時は支援させて欲しいというのが、故宮信用金庫の北川と西陣業界の老舗、池善の池田善兵衛の２人になった。

（3）藤村美園

　美園は宮崎織加工から、佐々木に移り、蝶子の片腕として働いている女工だった。

　美園との密談も純喫茶梵で行われた。

　当時、この梵以外にも西陣地区、特に千本商店街には洒落た店が多く賑わいを呈していた。
　飲食業やブティックなど西欧の最先端の流行を取り入れた店もあった。
　それを目当てに右京区の住民が嵐電で買い物をしに出てきたのである。
　月に一回催される北野天神での市の影響も大きかった。
「美園ちゃん、驚かんとってね」と蝶子は自分から切り出した。
　ごくりと水を飲む美園
「実は私、水商売やろうと思てるの」
　美園は口に含んでいた水をぶっと噴き出した。
「何で、また」と切り返し「やっぱりほんまやったんやね、織屋を閉めるっていうのは」
「そう」
「何で？もったいない、佐々木の遺族は続けて欲しいいうてるのと違うのん？あの池善が名跡継ぐのに意地悪しているってほんと？」
「その話は広めないで欲しいの、美園ちゃん！池善さんはこの前から心配して来てくれているの」
「でも、なんで、水商売って？」
「今までは、佐々木の場所で借り賃払っていなかったんだけど、ご遺族に払うと言えば喜んで貰えると思う」
「それでも、何でまた水商売を」
「今日まで生かしてくれた西陣の人に何か返したいの」
「西陣にお礼？なんと高尚な」と美園が言うと「そうねちょっと大げさね」
　と蝶子も笑った。
「でも、そんな永くやるつもりはないの3年やったら次のことをしたいの」
「でも西陣は飲み屋も多いし激戦よ」
「そうね、それは分かっている。それで相談なんやけど、美園ちゃん手伝ってくれへん？夜だけ」
「え！・・・蝶子さんがやるんやったら間違いないやろうけど、でも水商

売なんて全然分からへんし・・・ちょっと考えとく」

　と藤村美園は突然の申し出に即答は控えたが、翌日、OKの返事を返した。これで、人物金の内、人は揃った。

　次は資金調達の具体的な方法だった。

2　ランニング

（1）国金の三隅さん

　次は、資金調達の具体的な構成だった。

　実は蝶子はこの時点で、蝶子は自己資金で賄えるだけの貯蓄を持っていた。

　そこで蝶子は新たな事業展開に世の中のルール通り、国民生活金融公庫を選んだ。国民民生活金融公庫は「こっきんさん」と愛称で関西では親しまれていた。

　佐々木での織物業時代に頻繁に営業に来るので運転資金で１００万借りたのだが、それは、廃業に伴い既に完済していた。

　担当者は三隅と言う浅黒い小柄な男だった。

　この新業態開業の件で声をかけると三隅も喜んだ。

「遠野木さん、この場所で水商売とは思い切りましたね、私、いいと思います。遠野木さんの顔で損益ラインくらいは楽に行くと思います。私も金融機関人集めてきます。ところで金額はいくらくらい考えておられます？」

「はい、３００万くらいを、お願いしようと思っています、運転で」

「分かりました３００ですね、それくらいなら楽に通せます、遠野木さんなら同額の自己資金くらい蓄えておられると思いますし」と事情もお見通しだった。

　そして、資金調達でもう１行声をかけたのは当初から猛烈にアプローチをかけていた京都故宮信用金庫の北川だった。

（2）再び北川修

　北川に声をかけたのは最初にオファーを受けた義理もあったが、この人が将来京都の金融を牛耳るのではないかと言う蝶子の予感もあった。

　北川はこの地域を担当する西陣支店の加藤を帯同して来た。

　加藤は３５歳、証券会社からの途中入社の変わり種で北川が子飼いとしている男だった。

「蝶子さん、よう思い切ってくれた。次は水商売と言うのも私が考えていたプランとぴったりや！客もええ筋をどんどん紹介したる、わしが大儲けさせたる」

　そして、「３００でええんやな」と言って加藤を指差し「この加藤に大急ぎで稟議書かせる」と言うと、加藤が「お任せください」と頭を下げた。

　蝶子は北川に頭を下げ「ありがとうございます。北川さんが肩押してくれたので、思い切れたんです。私の想い聞いて貰います。私は、ここで、織屋をしていて世界が小さいと思ったんです。この世界って情報です。西陣の人も狭い世界で生きているんやって気づいたんです。水商売していろんな人の話聞きたいんです。そうすれば、京都も小さい世界です。いずれ情報が繋がって全体が見えるんやないかと・・・」

　これについては、加藤が目を丸くして「さすが北川常務の惚れ込んだ人や、凄いこと言われる」

　北川が「な！加藤！そうやろ、わしも狙いは蝶子はんと同じや、ここを西陣の情報の拠り所としたいんや！」

　蝶子は「それでは、早々に店の改装計画を作り持って行かせて貰います。開店は３カ月くらい後で考えています」とまとめた。

　この情報の集まるところと言う蝶子と北川の思いはずばり当たった。

　しかし、集まってくる情報は明るいものだけではなかった。

　それが蝶子や故宮信用金庫に襲い掛かってくるのだった。

3　ビジネスプラン

（1）資金計画

ここで、蝶子の創業時のプランを説明しておこう。

運用		調達	単位：万円	
内装	250	借入金	故宮信金	300
運転	300		こっきん	300
保証金	50			
合計	600	合計		600
			自己資金	???

図は資金移動表と言うもので、貸借対照表ではない。

この辺り分かりますかB／Sには運転資金は入らない。

借り入れが故宮３００万、国金３００万で６００万

資金使途が、内装関連と什器類で２５０万、運転資金で３００万、佐々木家遺族への保証金で５０万と言う内訳だった。保証金は蝶子が１００万支払いたいと言ったのを遺族は５０万でいいと言うことになった。

簿外で資金調達欄での６００万と同額の自己資金を蝶子は蓄えていた。

それは、京都織物信用を中心においていた。この場合、織物信用から借りれば、預金があるのに借入すると言うおかしなことが起こる。織物信用の借り入れを避けたのはそれもあった。

そして、この時点で蝶子は損益計算書の目標は明確には持っていなかった。（故宮信用と国金には適当に作成して提出したが）

長くても３年と決めた期限で借り入れをした金融機関に迷惑をかけない程度の売り上げでいいと思った。

月に６０万程度の売り上げがあれば、それは可能だった。

ミッションはあくまで地域に愛される店だった。

（2）レイアウト

　そして、店のレイアウトがこうだった。（下図）右側（南側）が織物業時代に機織り機を置いて作業場として使っていたところだが、商談などもこの空間で済ましていた。（西陣の織屋はほぼこのスタイル）

　真ん中が居間で食事をとっていたところ

　北側が炊事場であり、京都の鰻の寝床といわれる民家はこのレイアウトだったのである。

　そして、２Ｆは以前は佐々木芳枝の寝室だったのだが、晩年は芳枝は足も弱まり、階段を上ることが出来なくなり、居間でそのまま寝ていた。

　要するに２階は使われていなかった。（第一部織物編では蝶子が反物の引き延ばしの作業場として使うようになった）

　蝶子はこの間取りを図のように南側をカウンターのみの店として、居間だったところを満席の場合の待ち時間に待機して貰うスペースとして活用しようとした。

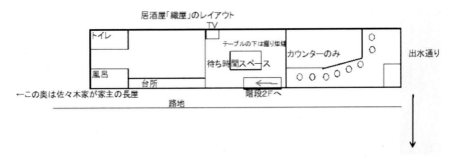

　後にこのアイデアが評判を生むことになる。

　このような形式とした場合はこの待機スペースに見知らぬ者同士が相席することになり、気を使うのではないか思いがちだが、もともとこの店は西陣の顔なじみばかりを客として想定していた。

　また、金融機関人はライバル行との相席も発生するのだが、むしろ情報交換の貴重な場として喜んだ。

ただ、この方式、厳密に言うと法律的にグレーである。

風俗営業法からみてどうかということになる。

店の者の目の届かない空間でいかがわしい行為が行われる危険性があるということである。

しかし、当時は西陣警察署も、そんな細かい点を指摘するほど暇ではなかった。

最後に蝶子は店の名前を前事業そのままに「織屋」とした。

この名称も客が覚えやすく、いいやすく馴染まれた。

そして、年も押し詰まった１１月１４日の大安の日に蝶子の店は開店した。

4　オープニング

その日は雪もちらつく寒い日だった。

店の前の出水通りでテープカットは行われた。

テープカットについては故宮信用金庫の北川が担った。

蝶子の借り入れは、故宮と国金は同額だったが国民生活金融公庫は政府系金融機関の半公共組織であり、テープカットのように特定のお客さんとの結び付きを想像させるような行為を嫌がったのだ。

そこで、故宮信用の北川に回ってきたわけだが、逆にこれを機会に蝶子との結び付きを強くしようと思ったのだ。

北川がテープカット前に挨拶した。

「え～出水通りは時に車が通りますので完結に済ませて貰います。この度、佐々木を支えられてきた遠野木蝶子さんが新たな業種で開店したいと言うことで、故宮信用金としましては是非支援したいと言うことでお手伝いさせていただきました。これからは、この『織屋』が西陣のサービス業の中心として発展しますように皆様もお客様をご紹介ください。では・・・」と言ってテープを切った。

　蝶子は深々と頭を下げて、出水通りに拍手が起こった。近隣の人たちも表に出て好意的な拍手をした。

　ここからは皆が店の中に入り「織屋」の初日が始まった。

　初日は店をクローズしての招待方式だった。

　招いた人は

・北川修　京都故宮信用金庫常務

・加藤利明　京都故宮信用金庫　西陣支店　課長

・吉田司　国民生活金融公庫　西陣支店　支店長

・藤本幸男　京都織物信用金庫　理事長

・池田善兵衛　織商「池善」代表

・宮崎好高　宮崎織加工　代表

の６名だった。宮崎織加工は藤村御園がいたところで形としては蝶子が引く抜く形になったので、お詫びの意味もあった。ただ、織屋同志で仕事を融通し合ってきた経緯もあり仲が悪かったということでもなかった。

　この池善、宮崎織加工とも加工・卸までであり小売をやっているいわゆる大店は呼ばなかった。（小売までやっているところは室町に集中し、西陣地区は少なかった）

　蝶子はこの日、仕出し屋から高級な料理を入れた。

　と、言っても祝い金でその分はすぐ戻ったが

　初日の宴はしめやかに無難に進んで行った。

　ここで、突然であるが、この蝶子の商い闘争史の第二部水商売編は結論から言うと惨憺たる結果に終わる。

　蝶子は水商売にはあまり向いていなかった。

　物語の中にもその失敗に終わる伏線を入れておくので読者の方は推理しながら読んで欲しい。

　ひとつだけ先に種明かしをしておこう。

　北川らの金融機関人の招待は店の店格を上げるのには寄与したが一般人

であるお客さんが気軽に来店するには逆に作用した。

　敷居を上げ過ぎたのだ。

　そして・・・

　金融機関人のお客さんをメインとすることは、良いことばかりではなかったのだ。

5　その他の客

　「織屋」は、開店日以降好調で集客は徐々に上がって行った。

　混んでも客待ちスペースがあるので帰って貰うことはなかった。

　その居間での会話が盛り上がった。

　また、その待っている人を客が意識して、そこそこの時間で退店していくので日本人らしい譲り合いが回転に寄与した。

　ここで、新たに紹介しなくてはいけない人物が３人いる。

　１人目はオープニングの日にも招待されていたのだが、京都織物信用金庫の藤本幸男だった。

　蝶子もこの藤本の品の良さには一目置いていた。

　この藤本、大蔵省、あるいは日銀出身の天下りではなく織物信用金庫の生え抜きだった。

　それだけにその上品さが蝶子には異質に思えたのだ。

　よく、藤本は蝶子に「商売は見栄えが良くないといけません」と言った。「それで取れる料金が変わってくる」とも言った。

　しかし、蝶子はこの藤本は北川のようなエネルギッシュな面は感じず、人間的な魅力に関しては北川に劣ると感じた。

　上品さを売り物している限りは、修羅場、土壇場ではこの人は逃げるのではないだろうか蝶子は直感した。

　２人目は西陣に１つだけあった都市銀行の三協銀行の三輪優支店長だっ

た。

　当時はメガバンクと言う言葉はなく、人は巨大さを都市銀行と言う言葉に感じていた。

　この三協銀行の三輪は開店後、少し経ってから現れた人物であり、また都市銀行の支店長を絵に描いたようなドライな性格だった。

　三協銀行は千本今出川の角にあった。

　全国に支店を配する企業は京都支店長を経験した時によくこけると言われている。キャリアに傷がつくと言う意味だ。

　京都、特に古いしきたりのある地域での営業は難しいと言われている。

　そのような中、この三輪優はうまく泳いでいた。

　都銀はひとつの支店での勤務期間が３年と徹底しており、三輪にとっては最後の年であった。

　三輪は良く蝶子に「都銀の経営において一番大事なものは時間です。地銀や信金さんのように時間をかけてゆっくり支援していくことが出来ないんです。それは苦しくなった企業の立て直しも同じです。いったんつぶして貰うという決断をする時も多いんです。お客さんにとってはじわじわやられていくか？いったん死ぬかの選択になり、どっちが得とも一概に言えないんです」

　蝶子はなるほどと思いながらも、三輪の考え方にはついて行けないとも思った。

　次に起こる事件で、京都西陣の金融機関でこの三輪だけが意外な判断をすることになるが、それは後の話

　そして、織屋に訪れるようになった３人目の客、実はこの人物を蝶子は最もかわいがった。それは、司法書士の青木と言うおとなしい男だった。

6　事件の萌芽

　ある日、その青木から蝶子に相談が持ちかけられた。

「蝶子さん、私のお客さんで、今は老人ホームにおられる方がおられるんですが、もう入所して2年が経ったんですが、死ぬまでに1度だけでも外に出て世間の空気を吸いたいと言う方がおられまして、いえ、医師も1日くらいならと了解貰っているそうなんですが・・・ええ、気持ちはよく分かるんです、でも、外出はもう車椅子でしか無理なんですが・・・」

「いいわよ、青木さん、ここに連れてきたいと言うことね、巷の気分を味あわせてあげたらいいのね、でも青木さんが車で連れてくるの?」

「ええ、そのつもりです、元は西陣の方なんです、家はまだあるんですが、昔は手広く事業されていた方なんです、穂高さんと言います」

「もう貸し切りにしようか?それとも無難な、お客さんだけ呼びましょうか?そっちの方がいいわね、世間の空気を吸いたいと言うことならば」

「そんな、申し訳ない」

「いいの、青木さんのためならば」

「すいません、恩に着ます」ということになったのだが・・・

7　迎えの準備

　蝶子は当日店を貸し切りにして、客を故宮信用金庫の北川と池善の池田善兵衛に来て貰うこととした。

　池田の方は蝶子に無理を言われてむしろ喜んでいる様子だった。

　北川も快諾した。

　蝶子は困った時に頼るのが結局この2人になったことがおかしかった。

　当日は青木が車椅子対応型の車を借りて穂高さんを老人ホームから運ぶことになっていた。

　穂高さんの居住している老人ホームは金持ちしか入居できない千代原口

のK園だった。

　2人とも百戦錬磨の練られた人柄であり、その老人との会話は任せておけばいいだろうと思った。

　特に池田の方は典型的京都人であり、相手の状況に配慮して話してくれるだろうと信頼を置いていた。

　ここに至って、池田の人柄は織物業時代は取引先としてやりにくい相手だと思っていたものが、TPOが変わると人は違って見えると言うことがこと分かった。

　この織屋に特別な客が来るという噂は客の待機場所の織屋の居間を起点に徐々に広がって行った。

　どんな、老人なのだろうと言う興味もあったのだろう。

　そして当日がやってきた。

8　穂高老人

　外の世界の空気を吸いたいと言う穂高老人の懇親の飲み会の日は店を貸し切りにして和やかに始まった。

　始めに青木が、お土産として来る途中に、西桂の和菓子の名店、桂庵で買ったお饅頭を蝶子に渡した。

　穂高老人は車椅子のまま入店して、「これは、蝶子さん、そして、故宮信金の北川さん、池善の池田さん、こんな老人のわがままを聞いて貰ってありがとう、本当にありがとう」と言った。

　北川も池田も先に穂高さんの事情は聞いており、挨拶や会話の中で、様々な配慮をした。

　それから織物業界のことや、京都の様々なニュース、京都南部にはどんどん家が建っていること等、最近の情勢を池田と北川が説明した。

　その話を、「ほお、ほお」と聞いているだけも、穂高さんは楽しそうだった。

池田が「今、若い者の間ではデイスコとかいうて、音楽に合わせて舞台で踊るのが流行っているらしいです」というと

　穂高は「なんじゃ、そんなら、わしの若いころとあまり変わらんじゃないか」というと全員、あははと笑った。

　北川が「ところで、穂高さん、若い頃は事業家だったと聞きますが」

「はい、商売の方は西陣では、ご多分に漏れず織物の方の関係で、織り機の方の仲卸から始めまして、その蓄えで不動産業を、今の宅地は４０年前に買いまして

　しかし、もう２０年前ほどからは何もしておりません。つまらん人生の典型ですわ」

　蝶子が「で、今ご家族は？」

「はい、妻はかなり昔に病死して、今係累と言えるのは１人息子が宮城の方の大学で講師をしております。結婚もせず、教授どころか、准教授も無理らしくて、どうしようもないどら息子ですわ」

　池田は「それは、それは大変ですなあ～わたしも似たようなもんですが、しかし、ご自宅は西陣の〇〇町のあのあたりというと、お屋敷ですがな、固定資産税だけでもかなりのものでしょ？」

「その辺はまだ、多少蓄えがあり全く問題がないんですが・・・」と穂高は答えたが、遠くを見て何やら考えているようだった。

　そして、ひとしきり、世間の話をし、穂高老人も心行くまでこの空気を楽しんだ後、

「蝶子さん、今日はありがとう、もし、わしがもっと若ければアタックしたとこだが、もうこの身体が言うこときかん、いや命さえ尽きかけとる、ああ～湿っぽくなってはいかんな、ありがとうございます。北川さん、もし、私の住んどった西陣の家、買いたい人があれば譲りますので、その辺りは青木さんに任せています」と青木の方を指差した。

　深々とお礼して、穂高は青木の運転する車で老人ホームに帰って行った。

　蝶子は目頭を熱くして穂高を見送ったのだが１％くらい腑に落ちないところもあった。

9　バブル

　穂高老人が、織屋に来店し、北川、池田、そして蝶子と話をした日を境に穂高老人の誰も住んでいない宅地、西陣〇〇町の４００坪の不動産の話は広がって行った。

　千本・今出川・西大路等の表通りには面していないものの事業用、あるいは分譲マンション用どちらにも開発可能な面積であり、京都西陣の金融機関は、騒然とした。

　この話、そんな値の付く不動産なら事前に金融機関の営業がつばを付けに言っていないのかと奇異に思う人もいるかもしれないが、大きな不動産と言うのは意外と営業訪問が抜けているものであり、特にこのようなケースでは、住んでいるのかさえ、分からないので、誰も触っていないと言うのが多い。

　私の勤務していた金融機関でも、このように玄関から建物までにはるかな道のある高価な不動産があり、新人営業の分けてが勇気を出して、門をたたいてみたら、老婆が一人住んでおり、食事もごちそうになったあと無事、巨額の預金とその不動産の処分も頼まれたといケースがある。

　また、金融機関人の先入観としてそのような不動産はいわくがあるのではないかと勘ぐってしまうのである。

　そして、この穂高老人の不動産の買い手探しの話、どこから漏れたかと言うと織屋の順番待ちの居間であり、漏らしたのは池田・北川・蝶子の口の堅さを考えると司法書士の青木しか考えられない。

　穂高老人の織屋来店の日から、情報は表に出たものとして捉え、高い買い手が見つかれば、穂高老人にはより良い結果と考えたのだろう。

しかし、その噂が噂を呼び金融機関を駆け巡り、収集がつかなくなり、誰かが、仕切る必要が出てきた。

　そして、その調整場所も結局、織屋が使われることになった。

１０　調整会議

　そして、穂高さんの物件をどうするかの会議が織屋で催されることとなった。

　蝶子としてもこの店が発端なので断ることはできなかった。この辺りから店に対する蝶子の思いとのずれが発生する。

　集まった金融機関の人は

　京都故宮信用金庫　常務　北川修

　京都織物信用金庫　西陣本店　折井優

　三協銀行　西陣支店　支店長　三輪陽司

　京都銀行　西陣支店　支店長　高村五郎

　の４人に加えて司法書士の青木幸次だった。

　この場合、青木が後見人的な位置付けとなる。

　当時まだ成年後見制度はなかった。（２０００年施行）

　会議の冒頭、北川が「この話、最初にうちが掴んだ情報や、一定の配慮をして貰わねば困る」と他の金融機関に圧力を加えた。

　これに対して即座に都市銀行である三協銀行、三輪が「北川さんそれは違うんと違います？この場合、優先的に考えるべきは穂高さんの幸せや、それに一番先にと言われましたがそれは穂高さんが世間の空気を吸いたいと言うことで、出てきた時の客として蝶子さんにセレクトされただけと違います？」と返した。

　北川もこれには、その通りなので正面切って反論せず「それもそうや、だから今日集めって貰っておる」と言って情報を広めた青木の方をちらりと睨んだ。

　北川は、司法書士の青木を通じて、かなりの金融機関に情報が漏れていると感じていた。

　ここで、織物信用の折井が「まあまあ、最初からそんなエキサイトせんと、確かに穂高さんの利益が最大になるようにというのが正論ですやろ、つまるところ一番高値で買うところに決めて貰ったらいい」と言った。
一同はその筋で頷いた。
　三輪が「では、最初にコンタクトした故宮の北川さんから・・・」
　北川は一番最初に値入れすることは損になると直感して、三輪を睨んだが「ええ、故宮としては物件を５億くらいで買い取る顧客を持っています」と言った。

　三輪はそれに対して「それは、ちょっと・・・安いのと違います？うちなら６億の買い手を探せます、全国からも引っ張って来れますし」と都市銀行の強みをアピールすると、織物信用の折井が「うちも６億くらいになると思います、京都銀行さんは？」と振ると高村支店長は「ええ〜その持ち帰り・・・」と煮え切らない。
　この支店長、情報を掴んだ上層部の役員よりこの商談の場に食い込んで来いと、鉄火場にほりこまれた感があり戸惑っていた。
　従来、京都銀行は、ある大学の成績優秀者のエリートで固めておりこのような修羅場には弱かった。

　そこで、澱んだ空気を破るように北川が「７億や、７億！７億で買い手を説得しまっさ」と言ったが三輪が「取りあえず、吹っかけておいて、後で金主を探そうと言うのではないでしょうね」と牽制した。

　三輪はそれに対して対抗して差し値の声を上げるのかと他の金融機関に

視線を向けられたが、「ふう〜」と一呼吸すると、「ちょっとトイレ行かせてください」と中座を入れた。

　トイレに中座した三輪が帰って来て値段の釣り上げ合戦が再開するのかと思いきや、三輪が皆を見まわし一呼吸置いて意外にも「ちょっと三協はこの件からは引かせて貰います」と言った。
　北川はぽかんとした顔で三輪を見たが、これにより、穂高さんの物件は故宮が７億で落とすと言う空気となった。
　そして、三輪は先に店を辞する際に、店舗の方にいた蝶子に対して「蝶子さん、ちょっとここで１本だけタバコ吸わして貰っていいですか？それで帰ります」と言った。
　蝶子はカウンターに灰皿を「どうぞ」と差し出して、三輪に冷たいお茶を注ぎ直した。
　三輪は天井を見上げて煙を吐き出してから「蝶子さん、バブル経済に対して、いやバブル金融に対して都市銀行が多いに手を貸したと言われています。確かに、そうでした。いや、脇役ではなく、都市銀行がバブルを作りだしたのかもしれません、お客さんに対して悪いこともしてきました。
　更地の上に無理やりマンション建築の絵を描いて、お客さんに印鑑貰えるだけの体制にして、莫大な借金背負わせました。
それで、何人かは首吊りました
でも、私たちはそれで経験したんです、正常と異常の間のラインを踏み越えることを、何の変哲もない西陣の土地に数億の値がつくのはおかしいかもしれません」
　蝶子はまだ、残っている人に配慮して目だけでうなづいた。
　三輪は言葉通りそれで織屋を出て行ったが、実は三輪がこのように席を蹴って出たのはこれが２度目だった。
　それは、このシーンから遡ること１年前の尾上縫の事件の現場だった。

　関西ではバブル経済末期、１９９０年頃にこの尾上縫事件は起こった。

　舞台は高級料亭の恵川、この女将がなぜか、北浜の天才相場師と言われた尾上に多くの銀行が無担保で貸しつけて、その多くが結局焦げ付いた。

　東洋信用金庫はこれが原因で破たん、住友銀行も痛手を負った。

　この小説では三協銀行の三輪と言う男をモデルとして、三輪だけがこれはおかしいと席を蹴ったという設定にしているが、これは実話を参考にしており、当時、三協銀行とモデルとなる某銀行だけが判断が良く途中で抜け被害額が少なかったと言うことである。

　後から冷静に考えると、全く異常な貸し付けだったのになぜ引っ掛かったのかと言うと場の雰囲気に正常な感覚が持って行かれたということである。

　三輪の言葉通り、バブル経済の頂点ではこのような異常な取引現場が多く経験上、席を立ったのである。

１１　京美不動産　饗庭径生
あいば みち お

　織屋での穂高さんの宅買取価格調整会議の後も西陣の物件で大きな出物が売り出しにかかっているという噂は京都で広まっていった。

　その買取値想定額は噂では徐々に高まっていった。

　１週間後に織屋に一組の客があった。

　故宮信用金庫の北川修が一人の男を連れてきた。

　それは、京都南部の宇治小倉の不動産業の饗庭径生という男だった。

　饗庭は柔らかい洒脱な男だった。

　席に着き、蝶子と饗庭の視線が合った。

　蝶子には、何か感じさせる人物であり饗庭には、蝶子は賢い人という第一印象だった。

　北川は蝶子に「この饗庭はんは、京都南部の情報の要なんや、形態は個

人事業主でも、情報力はそういう会社規模とは関係ないんや、今回是非京都市内の要の蝶子さんと引き合わせようと思ってな」

蝶子は恐縮しながら「これからは京都南部の方が開けていくんでしょうね」と言った。

「京都南部と言っても、もう伏見、宇治、小倉、城陽あたりはもう建て込んでいてあきません、これからは木津川台や、精華あたりでしょうね」と饗庭は言った。

饗庭は４０歳台にしては達観したところがあり、蝶子にもその頼れる雰囲気は通じていた。

その後、この饗庭が蝶子の人生に大いに絡むことになってくるのだが、それもまた次の章の話

北川と饗庭の会話が漏れ聞こえてくる。

どうやら、故宮信金は北川がこの織屋での価格調整会議で７億で買うと宣言してから金主探しに苦慮しているようだった。

ただ、蝶子の目には、饗庭はこの話には乗り気ではないように映った。

この話、金額が大きすぎることもあったが、その他の懸念要素を饗庭は危惧していたことを蝶子は後で知るのだった。　饗庭は帰り際「蝶子さん、また電話しますわ」と言った。

１２　看破！

その日、青木は一人で織屋に来店した。

あの織屋での価格調整会議後の情勢をうかがいに来たと言うのが青木の本音だった。

北川は必死で飼い主を探しているのか、饗庭と来店してからは来ていなかった。

青木が座ると蝶子は藤村御園に「ちょっと席をはずして、梵でも行って来て」といつもより少しきつい調子で言った。

「は、はい」と美園は、織屋を出て行った。

　まだ、開店したばかりの8時で他の客が入ってことは考えられなかった。

「青木さん、あの穂高老人が来た日、西桂の老人ホームで穂高さんを車に乗せてきた本当？」

「ええ～途中で桂庵のお饅頭買ってきたじゃないですか？」

「それがね、・・・」と蝶子はカウンターの下からその桂庵の包み紙を出した。

「日が1日前だったの、桂庵さんのような老舗名店がラベルを間違うはずがない」とこの言葉に、青木は一瞬言葉を詰まらせた。

　そして、蝶子は「穂高さんと話していてちょっと変な感じがした。私は根っからの西陣育ち、そんな私から見て穂高さんの言葉使いは、西陣のイントネーションではないの、あれは大阪弁でもない、京阪神の西の方、いわゆる播磨の方だわ、語尾が少しきついのよ、少なくとも京都弁のアクセントでは無かった。穂高さんの履歴は西陣生まれの、西陣育ちだったはず！あれは穂高さん、本人？」

　ここに来て青木は表情を凍りつかせたが、開き直りを見せた。

　それでも、青木は声を絞り出すように「あれは、穂高さんなんです」と言った。

　蝶子はカウンターをばんと叩いて「青木さん、関西を荒らしまわっているKグループとかいうのに絡めとられたのね、今ならまだ、間に合う。この段階なら事件になっていない。私は警察じゃない、この京都から逃げなさい、いや日本からも、青木さん、このままいったら香川のお母さんが泣くわよ」

　青木は言葉を詰まらせたが、下を向きながら「それでも・・・あの人は・・・」「青木さん」と蝶子は「昨日、西桂の老人ホーム〇〇園に行ってきた。そして、穂高さんに会ってきた。確かに穂高さんはホームにいた。ターミナル（終末病棟）におられたから死期が近いのも確か、でも別人だった」

青木は観念したのか椅子からずり落ちて、その場で土下座しようとした。蝶子は慌ててカウンターから出て、右手でそれを制し耳元で「逃げなさい、一刻も早く、Kグループは近々検挙される」

　青木は逃げるように織屋を出ていった。
　ちょうど、美園が入れ違いに入ってきたが、すれ違う青木の顔が青ざめていた理由は分からなかった。

１３　余波

　この経済事件、正確には地面師事件でなりすましという古典的詐欺なのだが、見破ったのは実は蝶子だけの手柄ではなかった。
　少し前に織屋を訪れた宇治市の京美不動産経営、饗庭径生から携帯で蝶子に連絡があったのだ。
　饗庭は蝶子をいたく気に入ったようだった。
「ああ～蝶子さんか？この前、北川はんと一緒に寄せてもらった京美の饗庭です、この前は、ありがとうございました。突然やけどちょっとこの前の北川はんのしていた西陣の物件の話やけど、織屋は、いや、蝶子さんは触れんようにしておきや、あの話、おかしいと思うねん、なんか、実際の物件と離れたところでどんどん値が吊り上っているような気がしてな、そういう詐欺事件の載っている週刊誌とか読んでみ」とこのアドバイスが効き蝶子はKグループの存在を知ったのだった。
　そして、この時の恩により蝶子は次の章で饗庭に近づいていくようになるのだった。
　この青木が来店して、蝶子の前から消えた５日後に関西を荒らしていたKグループが一斉検挙された。

　そこに青木の名前はなく、西陣の物件の話もなかった。

　立件されそうなのは大阪と兵庫の物件で、世間が驚いてニュースバリューが出たのは大阪の商業ビルの事件では、暴力団も騙される側に回っていたことだった。

　検挙されたのは4人の男女

　マイク永田、この人物がいわゆる詐欺の絵を描くプランナーでアンダーグランドの住人なら知らない人はいないほどの有名人だった。

　多田良子、役者

　田端順二は何でも屋で主に書類を偽造する役割だった。

　もう一人、指名手配で野平陽水という男がいて、これも役者の役割だったので、売買までいかなかった西陣の物件の穂高老人になりすましたのかもしれなかった。

　その後、青木司法書士の行方はようとして知れなかったが事件の余波が大きくなってくるにつれて蝶子は未然に食い止めてよかったと感じたのだった。

　蝶子は故宮信金の北川だけには青木との間であったことを報せた。

　北川は自分も詐欺に遭いそうになった不見識を恥じて、この件については故宮内で箝口令敷いた。

　これが表に出れば北川も故宮内での政治生命の終わりになるところだった。

　北川はその意味で蝶子に救われたのだ。

　しかし、不思議なことに箝口令が敷かれたにもかかわらず、織屋の蝶子活躍で事件が未然に防がれたことは徐々に京都に広まっていった。

　多分、今回、最初から利権に加われなかった金融機関、あるいは故宮の北川、三協の三輪の対抗勢力から噂は流されたのかもしれなかった。

また、司法書士が一人行方不明になっていることも噂に火をかけた。

西陣の中には、地面師Kグループの西陣侵攻から蝶子がこの地を守ったと英雄視するものさえいた。

藤村御園は蝶子と青木との最後の場面には織屋にいなかったが、人の噂で何となく事件の顛末を知った。

そして「やったね、蝶子、西陣のヒーローになっちゃったわね」と言った。

しかし、蝶子を襲う現実は全くその逆になり、この事件を契機に織屋は次第に追い詰められていくのだった。

１４　怪しげな面々

これも饗庭の紹介が発端だったのだが・・・

饗庭は蝶子に「どうしても店に来て蝶子さんと会いたいという人がいてな、むげに断れん筋なんや」と饗庭は言った。

蝶子もあまり気が進まなかったのだが、饗庭の頼みとなると断れなかった。一人は京都--経済研究所の高田という男だった。

高田はいわゆる京都の情報屋だった。

店に入るなり「あんたが女将さんの蝶子さん、わしは京都--経済研究所の高田や」という初対面から蝶子は胡散臭い男と感じていた。

そして、もう一人は斎 礼子という京都北部、千代川の占い師だった。

礼子は長い髪を後ろで束ねるようにくくり、男とも女とも思えない風貌をしていた。服装は女性のものだった。

当時、斎はKBS京都で占いコーナーを持ち京都を代表する人気者だった。

礼子はカウンター越しに蝶子をライバル心むき出しで睨みつけ「あんた、地面師詐欺を止めったって本当？」と言ったが蝶子は相手にしなかった。

「そんなことは知りません、私はただの居酒屋の女店主です」と返したが
斎の目は納得していなかった。

　饗庭からは２人の来店後にお詫びの電話が入ったが、蝶子にすれば詫び
られるいわれはなかった。饗庭も困った挙句の紹介だったのだろうと容易
に想像がついたからだった。

15　終結

　そのような客層の変化の中、まず、池善の池田善兵衛が店に来なくなっ
た。

　いや、織物事業者全体が引いてしまい、蝶子の西陣の人の憩いの場にと
いう当初の思いは早くも崩れ去った。

　そして、とうとう、その筋の人まで

　当時反社会勢力という言葉はなかった。蝶子は、その筋の人たちも、情
報を求めているのだとその時、改めて知った。

　よって、蝶子の情報を重視していたニーズは当たってはいた。

　しかし、それを求める客層を間違えてしまったのだ。

　基本的にサービス業・小売業はオープンなもので、客層の制御はしにく
い。

　蝶子の店も一応会員制としていたが、確かな筋からの紹介ですと一般人
を装い言われると来店を拒みようがなかった。

　ちなみに当時京都は、古くからのテキ屋系の親分が小規模で存在し、神
戸＊組の勢力下ではなかった。

　そこに滋賀県の＊会が手を伸ばしてきた背景があり、派手な出入りはな
いものの大きな取引については、そのあたりからの出張があった。

　ここに来て、蝶子は地域の人に迷惑はかけられないと店の閉店を決意し
た。

　当初計画をしていた３年間の継続にも満たない２年での廃業だった。

早めに決断したこともあり、過去の蓄えにはまだ手を付けておらず、そ
れで故宮信用金庫と国民生活金融公庫の借り入れは一括返済できた。
　北川は随分と残念がっていたが理由を聞くに至りやむを得ない事情と判
断してそれを受け入れた。
　蝶子は次のステージでも北川の手を借りることとなる。
　今回、蝶子が悔しかったのは当初計画の見込み違いもあったが、世の中
の不動産がらみの法律に対してあまりにも自分が無知だったことであり、
自分の不勉強を恥じた。
　これから、事業センスだけでは荒波を乗り越えられないことを知った。

１６　反省から始める

　蝶子の店を閉めるという決断に対して藤村御園は異を挟まなかった。そ
んな仲でもなかった。

　蝶子は御園に「御園ちゃん、今回は入り口から間違っていたような気が
するの、皆、生きていくのに必死で水商売しているのに、情報の拠り所に
するとか筋が違っていたような気がするの？お金も貯えがあるのに借り入
れしたりして余裕があり過ぎて逆におかしくなってしまった。また、辞め
て貰うことになってごめんね」
　という蝶子の肩が寂しそうに御園には見えた。
　御園にとって蝶子は西陣のヒーローだった。
　あの池善にさえ、たった一人で立ち向かっていった。
　何かを始めるときはまた助けてほしいと蝶子は御園に言った。
　蝶子の人生の後半において全く意外な形でそれは実現することになるの
だが、それは、また蝶子の晩年の話である。

～水商売編　Ｆｉｎ～

第3章　京都伏見土地取引編　あらすじ

CASE1　京都南部土地収用事件

　蝶子は水商売編で知り合った京都小倉の不動産業、饗庭のもとに不動産や法律的なことを学ぼうとお世話になることを決意する。そこには北川の仲介もあった。

　そこで、これから開けて行く京都南部学研都市の、精華町の視察に行く。

　たどり着いたのは、京奈和自動車道の収用の現場で、売り渋る地主に対して、パチンコチェーンの山村興産グループの斎礼子（占い師）や竹田のヤクザ、村井凡と遭遇する。

CASE2　大型土地取引B勘事件

　饗庭は京都故宮信用金庫の北川より大手筋商店街の一角の取り取引の仲介を頼まれる。

　蝶子とともにその取引現場に向かうが、山村興産側と思われる買主側には神戸の日本最大の暴力団の若頭、小山田正絹が、売り主側の商店主2人には竹田のヤクザ、村井凡、資金トレースしようとする京阪神の金融機関が既に座っていた。

　土地の売値の交渉が始まり、村井と小山田がそれぞれ、契約価格以外のB勘定で、やり取りする絵を描くが、資金力と、貫録で小山田が勝ち、村井は席を立つ。

　小山田は、その案で饗庭に仲介をしますかと選択を迫るが、雰囲気に呑まれていた饗庭の太ももを蝶子が、つねり、目を覚まさせる。

　饗庭と蝶子は仲介を断り、席を立つが帰りに伏見署第2課の木下刑事が取引を密かに張っていたのを目にする。

小山田は蝶子の存在を記憶に残す。

ＣＡＳＥ３　京都南ＩＣそば土地取引事件

　饗庭と蝶子が村井凡が三宮の路上で射殺されたというニュースを見ていると京都南部の山村グループと対立するパチンコ店グループの運送業の村沢、不動産業、吉井、パチンコ業、高井が駆け込できた。

　京都南インターの付近の土地を抑えて、パチンコホールを建設しようという計画だった。

　その土地は、山村グループが近辺にビル内保育園を設け、風俗営業の距離制限より、ホール建設をされたら違法取り消しで訴えようとしている土地だった。

　山村グループは情報屋の高田と斎礼子を動かして、地域住民のホール建設の反対運動を扇動する。

　反対運動は激化して、とうとう、建設の囲いを壊すが、中は配送機能をもった事務所風の建築物であった。

　高田と斎は器物破損罪で木下に逮捕される。

　この事件の真実は初めからこの土地に疑問を持った建設地を疑い、周辺調査でそのビル内保育園を発見した蝶子の書いた絵図だった。

　蝶子は前から考えていたプランを実行に移すために、故宮信用金庫の北川に、京都有数のベンチャー企業である京滋セラミックの稲村と京都実業の永村を紹介して貰う。この土地に共同配送センター機能を持った京都のベンチャー企業の連合体の協同組合を設立するというプランだった。

　計画は無事実行に移り蝶子は不動産業から転身した。この協同組合の専務理事に就任し、世界を相手に新たな勝負をかけることに思いを馳せるのだった。

　では、第3章　ベンチャー育成編　前編からSTORYを再開します。
お楽しみください。

画像による第3章　名場面集

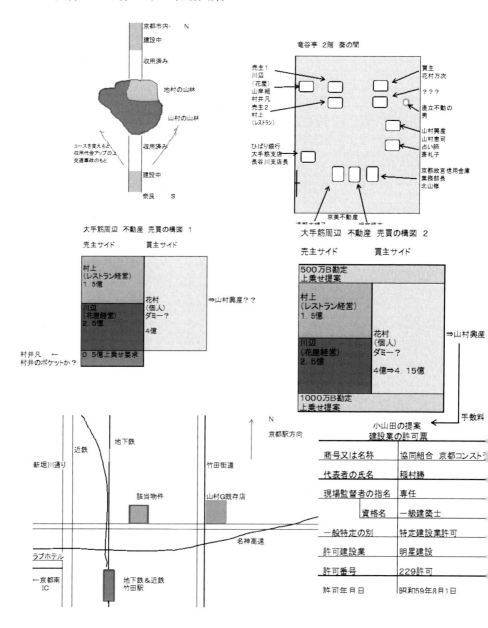

京都市内・　N
建設中
収用済み

地村の山林

山村の山林

コースを変えると
収用代金アップの上
交通事故のもと

収用済み

建設中

奈良　S

竜谷亭　2階　葵の間

売主1
川辺
（花屋）
山岸組
村井凡
売主2
村上
〈レストラン〉

買主
花村万次

？？？

直立不動の
男

山村興産
山村恵司
占い師
滝礼子

ひばり銀行
大手筋支店
長谷川支店長

京都故宮信用金庫
業務部長
北山修

京美不動産

大手筋周辺　不動産　売買の構図　1

売主サイド　　　買主サイド

村上
（レストラン経営）
1.5億

川辺
（花屋経営）
2.5億

花村
（個人）
ダミー？

4億

⇒山村興産？？

村井凡　←
村井のポケットか？

0.5億上乗せ要求

大手筋周辺　不動産　売買の構図　2

売主サイド　　　買主サイド

500万B勘定
上乗せ提案

村上
（レストラン経営）
1.5億

川辺
（花屋経営）
2.5億

花村
（個人）
ダミー？

4億⇒4.15億

⇒山村興産

1000万B勘定
上乗せ提案

手数料

N
京都駅方向

近鉄
地下鉄

新堀川通り

竹田街道

該当物件

山村G既存店

名神高速

ラブホテル

←京都南
IC

地下鉄＆近鉄
竹田駅

小山田の提案
建設業の許可票

商号又は名称	協同組合　京都コンスト
代表者の氏名	稲村勝
現場監督者の指名	専任
資格名	一級建築士
一般特定の別	特定建設業許可
許可建設業	明星建設
許可番号	229許可
許可年月日	昭和59年8月1日

第4章　ベンチャー育成編　前半

1．天ぞ

　天使のエチュード、ベンチャーの章は、ライバルの京都精密グループの九十九陣営の密談風景から始まる。

　しがらみによる取引の傾向の強い京都府においてはこの京都精密は巨大なる壁であった。

　場所は嵐山桂川沿いの「天ぞ」は、老舗である。

　天麩羅料理の味では、知る人ぞ知る店である。

　古くは太秦の東映映画村に来る俳優や文化人に愛されていた。

　豪華な料理を前にグループの総帥、九十九一力が口を開く。

「それで、どうだ、全体の動きは？」

コンサルタントの下平が「特に主だった動きはありませんが、例の京都コンストラクトグループ面々が、精力的にメーカーへの営業に回っております。

　向日市の井口電機製作所の井口が「何やらしっかりした女性が事務局にいるようで」

　久御山町の東実化成の高村社長

「何も心配する事はない、動けば動くほど惨めになるだけですな、この京都の製造畑では」

　ここで、京都の製造業の勢力図を説明する。

　ご存知の通り、京都には島津製作所・村田製作所・村田機械・立石電気（現オムロン）と言った歴史のある名門の製造業がある。

　そして、その下に伝統工芸技術から発展したベンチャー系の企業群が存在する。

　それらの企業は大学の研究とも深いつながりを持ち、ものづくりにおいて、独特の強みを発揮していた。

京都の各種の企業評価、審査には大学教授が関与する事が常であったからである。

2　密談は深く

　大阪本社の日本最大のコンサル機関の下平が仕切るように、「秋はものづくりの各種表彰があります。なかでも京都商工会議所　ものづくり大賞、Ｋ銀行　京都賞がメジャーでしょうね」
　九十九一力が「両大賞とも、Ｋ工芸大学の飯田教授が審査で関係しとる。この前もこの天ぞでご馳走しといた、この前はここで、よく会う作家のＪ・Ｓに先生を紹介したら感激しとったわ、あのＪ・Ｓもこんな贅沢なところでばっかりで飯食うてて庶民派作家もないもんやで、とにかく、そっちの方は大丈夫だ！」
　高村社長が「他陣営情報は商社のＲＡＫから詳細に入るように手配してあります。あそこの社長の藤田は手の内に入れてます。設備よう買うてまっさかいに、賞のエントリー状況からライバル陣営の動きまで全部探らせます！」
　井口社長が「しかし、若い会社がその京都コンストラクトになびくのを止めていかんとな、さしずめ、コーテイングの技術がうちらも弱い、ここは九十九会長の名前使わせてもろうて、２～３００万程度の投資という形で融資して、つっついていったらどうやろ？」
　九十九一力「いや、それはもうやっとる。三社ほど既に出資した。創業したころはいくら金があっても足らん、やつらにはこんなところの味はもったいない、味も分からんしな、祇園の料理屋　岡村でやっといた。その他にも有望な会社の情報あったらどんどんくれ、親父の財産で金だけはあるしな」
　高村社長が心配そうに「しかし、その裏にいる遠野木という女性が切れ者で、思わぬ手を使ってくるとか、あの高田とか、斎とか、山村興産まで

皆、そいつにいてこまされてしもうたらしいで」

　九十九一力「心配する事ない、やつらはいわば成り上がりや、我々は京都の本流、名門や、京都社会本流の恐ろしさを嫌というほど味あわせてやるわ」と宣戦布告をするのであった。

3 創業Ａｆｔｅｒ５

　長岡京市の株式会社　コーテイングＫＹＯの小山隆社長は二者択一に迫られていた。

　午前中に２人の訪問者があった。

　一人は向日市の井口電機の井口社長、もう一人は京都の新たなグループ京都コンストラクトの事務局の藤村という女性

　両方とも話しの核心はグループに加入しないかという誘いだった。

　井口電機からは、コーテテイングの仕事を貰った事もある。

　コーテイングＫＹＯは特殊コーテイングで業界でも注目されていた。

　安価でかつ表面仕上がりも良く、しかも接触時にも静電気を起こしにくいのだ。

　井口電機のバックには技術力もある京都精密がついていることも小山は知っている。

　ロジックで行けば、確実に京都精密グループだろうが、井口社長の言い方に上からものを言う嫌らしさを感じた。

　ここがだめでも、いくらでも変わりはあるような言い方だった。確かにそうなのかもしれない。

　創業以来、取引の相見積で何度も悔しい思いもした。

　それに対して次に訪れた京都コンストラクトの女性は技術の事はあまり知らない様子だったが熱意と夢は感じた。

　いずれ海外とも取引したいと言った。

　しかし、その根拠となるべきボーンが弱い気もした。

製造業、特に京都の業界においては、技術の裏づけとなる社歴が大きくものいう世界であるということを嫌というほど知った。

夢で通用するような世界ではないのだ、この世界は

人件費の上昇、諸コストの圧力でコーティングＫＹＯも御多分に漏れず「創業Ａｆｔｅｒ５」の資金繰りが苦しい時期に差し掛かっていた。

小山の脳裏に従業員と妻の顔が浮かんだ。

4　商社ＲＡＫ　藤田社長

ＲＡＫ社長の藤田は京都南ＩＣそばの協同組合　京都コンストラクトのエントランスで、深呼吸をした。

絶対見破られてはいけない。

そう、今日の訪問の役目は新設備の説明の体裁を取っているが真の狙いは京都精密グループの情報収集、分かりやすく言えば、産業スパイだった。

「遠野木さん、おられますか」と受付の女性を告げ、応接室に通される。

遠野木蝶子と前回紹介された新職員の藤村という若い女性が入ってきた。

「藤田さん。お忙しいところすいません」

「いえ、先日、ご提示された新型のＭＣの資料を持ってまいりました」と始まり、３～４千万級の設備を中心にひと通りの説明をした。

いよいよここから本番だと藤田は心の中で気合を入れた。

「ところで京都賞の審査員分かりました？」と望んでいた方向へ、遠野木の方から振ってきた。いいぞ

「はい、会議所の山田部長と京都市の産業振興課の向部長と京都府中央団体中央会の石田専務理事、そして、Ｋ工芸大学の飯田教授のようです、ところで、今回は何社エントリーされますか？」

「４社ほどになると思います」と藤村

「京都コンストラクトさんのどの会社です？」

藤村が話し出そうとするのを制して、「そこまでは・・」と遠野木

う！聞き出せない！

　同様に京都パルスプラザでの京都ビジネスフエアの情報を聞かれる。

「ところで藤田さん、京都賞とそのビジネスフエア、京都精密さんのグループは何社出されますの？」と逆に、スパイを頼まれている京都精密の情報を聞かれる。

「い、いえ、その情報は入っていません・・・」と少し大げさな態度が出てしまった。

　見破られていないだろうか？

　そのことが見破られると九十九会長に怒られると思うと尚更、声が上ずる藤田だった。

5　京都コンストラクト陣営

　京都南ＩＣ付近の用地買収事件から３年、遠野木蝶子は京都コンストラクトの立ち上げの仕事を取り仕切る事となり、京美不動産は、円満に退社していた。

　退社したと言っても、スタートアップする工場が多く工場用地取得で、饗庭には多くの紹介案件が持ち込まれた。

　しかし、協同組合 京都コンストラクトとして、稼動３年間で全てが順調なわけではなかった。

　京都も県外の自動車、家電メーカーの下請け企業が多い。

　その場合、下請けを取り纏めるアセンブラーが必要となり、このグループはその面で弱かった。

　加えて京都の場合、品質と値ですんなりとは決まらない様々なしがらみがあった。

　その点を蝶子もこの業界を甘く見ていた感がある。

　製造業界の流れは織物とも不動産とも違うものがあった。

　あらゆるところで、京都精密のグループの壁に突き当たっていた。

6 京都賞控え室

　京都宝ヶ池プリンスホテル

　控え室には京都賞の候補企業と審査員が控えていた。

　京都賞とは京都の主力地方銀行であるK銀行が筆頭となり、京都商工会議所、振興公社などが協賛している。

　ものづくりの優秀な企業が表彰される歴史のある賞である。

　今回の候補は

・株式会社　丸実

・イワサ　株式会社

・株式会社　装美

・株式会社　東洋化工

・株式会社　コーテイングKYO

・株式会社　石森工業

　候補は自薦・他薦どちらでも良い。

　この最後のプレゼンまでに6社に絞られてきた。

　この場に、遠野木蝶子らの京都コンストラクト陣営の人間はいない。

　関係企業しか立ち入れないのだ。

　京都精密の九十九一力は・・・いた。

　力でどうにでもなるルールだった。

「大丈夫や」とイワサ代表の川尻社長に九十九は言った。

　そして、耳元で「先生に手え回してあるし」と言った。

7 京都賞発表

　6社それぞれのプレゼンが終わり、審査時間として30分の休憩タイムが設けられた。

　いよいよ優秀賞・最優秀賞の発表である。

　審査にはK工芸大学、飯田教授と、京都府の工芸繊維課、京都市の産業課、京都府振興公社、公設試験研究所の各代表である。

　この場合、最も大きな声となるのが学識経験者、すなわち飯田寛治教授となる。

　主催者が、壇上に立つ。

　審査員もそれぞれの席に着く。

「では、いよいよ各賞の発表です」

　会場は一瞬の静寂、藤村美園が、コーティングKYOの小山社長が表彰された場合に渡す花束を持ってきている。その藤村を前に出ないように蝶子が抑えている。

　司会者の声「優秀賞は宇治のイワサです。イワサは金型技術の研究で長年京都の技術力向上に寄与し・・・・」

　社長の岩佐が壇上に上がる。

「ありがとうございます。これも京都精密の九十九会長のおかげです。今後も日々研究に精進して・・・」

　場内は少しざわつき九十九一力にそれとなく視線が集まる。

「では、いよいよ最優秀賞の発表です！飯田教授、よろしくお願いいたします」

　K工芸船大学の飯田教授がいかにも重たい腰を上げる風に、現状中央のマイクに近づく。

「はい、平成１２年のものづくり京都賞は長岡京市のコーティングKYOのコーティングの新技術です」

　一斉に拍手が起こる。

　代表取締役の小山隆が壇上に上がる。

「今、感激しております。これからも精進します。」とここで一泊置き、なお、この表彰にいたるまで、陰に日なたに、京都精密の九十九様のお世話になりました」と言った。

京都コンストラクトが自陣営と思い込んでいたコーティングＫＹＯは、しがらみをバックに京都精密グループに攫われていた。

8　ビジネスマッチングフエア

　ものづくり京都賞でコーテイングＫＹＯの小山社長に裏切られ、九十九のグループに手痛い敗北を喫したのを悪い兆候として、９月に行われた京都府下のビジネスマッチングフエアでも京都精密のグループと京都コンストラクトグループの勢いの差は歴然だった。
　京都精密グループ７ブース、京都コンストラクトグループは事務局も入れて４ブースとブース数自体にも違いはあったものの各ブース訪問者数に明らかに優劣が出た。
　藤村美園は、事務局のブース内で焦っていた。
「まずいですね、蝶子さん、私、呼び込みでもしましょうか？」
「あほなこと、勢いというのはその場で変えられるものではありません。ここに来るまでが勝負です。美園ちゃん、もうじたばたするのはやめにしましょ」
　と言った時、車椅子の老人が通りかかる。
　黒服の男が、車椅子を押している。
「止めてくれ！」
「はい」と目の前に、蝶子と美園がいる前で止まる。
「この横の列が京都コンストラクトのグループかい？」
「はい」と答える蝶子
「あんたが事務局？」
「はい」
「あんた、向かいの列、あれは、京都精密の列やな、来訪者数の違いが分かるか？」と目の前の机に置いていた粗品の飴にその老人は手を伸ばす。
「真剣に商談に来たやつが飴なんかくうかいな」と少しだけ語気を強め言

った。

「会長さん！」と蝶子も一段と声を大きくして言った。

「ちょっとこちらへ・・・」とブースを出て歩き出す。

「蝶子さん！」と呼び止める美園に「ちょっと美園ちゃん、頼むわね」と言った。

　美園はその客に因縁をつけられたと勘違いして、蝶子がそれを諫めるのだと二重の勘違いをしていた。

　だが、その美園の予想は大きく外れ、蝶子の向かったのは会場である京都パルスプラザのカフェだった。

　それが、後に京都の製造業業界の勢力争いに大きな影を落とす仕手グループ「西紀」の大西大豪との出会いだった。

9　大西大豪との出会い

　ビジネスフェアの行われている京都パルスプラザのカフェ「エミール」で、仕手グループの総帥、大西大豪を誘った遠野木蝶子だったが、そこで交わされた会話はさながら禅問答のようだった。

「お声かけていただいてありがとうございます。突然ですが、今、何やってもうまいこといかんのです」

「なんで、見ず知らずのわしに相談する？わしは仕手筋のおっさんや」

「はい、分かっています。お顔を週刊誌で見ました。それで、何かを感じまして」

「うまいこといかへんということは、引き潮の時、そういう時は2つにひとつ、逃げるか？とことんまで落ちるかやな・・・じたばたするのが、一番みっともない」

「はい」

「京都精密の九十九っていうのは、思てるより強敵やで、上場していないが、わしのところまで、情報は入っている。」

「織物業、不動産業の時はうまいこと行ってたんです」

「製造業は日本に多すぎるわな、いずれ、東芝、シャープ、松下あたりでもうまいこといかん時代が来るやろ」

「それは何年先ですか?」

「１０年も要らんな・・・そや、あんたにおもろい人物紹介したろ、この人や」と財布から大西は一枚の中国人の名刺を取り出した。

　この出会いをきっかけに蝶子は半年姿を消すことになる。

　ライバルの九十九グループはもちろん、京都コンストラクトのメンバーにもその行方は杳としてつかめなかった。

～ベンチャー育成編　前編　Fin～

124

第5章　海外放浪編

1　珠海工科大学 海雲講師

　日本から姿を消した遠野木蝶子は中国南部の珠海市にいた。

　珠海は香港にも隣接し、鄧小平の開放改革政策を早くから実践して、部品加工で栄えた。

　会計だけ香港で処理して日本に輸出するスタイルであった。

　珠海工科大学の学外開放ベンチャー育成講座の末席に蝶子はいた。

　西紀グループ総帥、大西大豪から紹介を受けた人物は、投資家でも、政治の黒幕でも、技術者でもなかった。

　中国の先生、しかも、教授の肩書きもない一講師、海雲だった。

　大西はこの海雲先生の教室の卒業生であるベンチャー経営者への投資を通じて知り合ったと言う。

　年齢にして３０歳

　蝶子が手紙で連絡を取ると、まずは、講義を受講してみてはという話になった。

　海雲は見かけは普通の先生であった。

　その風貌は痩せており中国人の金持ち特有のふくよかさはなかった。

　教室に入りまず驚いたのはその受講生の年齢の幅広さだった。

　上は定年退職をしたと思われる年齢、下は高校生だった。

　蝶子は出発前に通っていた丹波橋の英会話教室で、急遽、中国語のレッスンも受けて、訪中したが海雲は当然のようにして、英語、そして、日本語もかたことで話した。

　「・・・ということで、いずれ消費者は、店に出向いて買うと言う買い物スタイルから通信販売で取り寄せるという方法にシフトして行く事は確実

です。では、今日のゼミはここまで、最後に前回のレポート提出での落第者を発表します。

　ワンユーさん、ユンピョウさん、合格基準に達していません。速やかに退校手続きを取ってください」と海雲講師は言った。

　名指しされた２人は一瞬顔を伏せたが、教室は何事もなかったように仕舞いの体制に入っていく。

「蝶子さん、コーヒーを入れましょう」と海雲は、自らポットのスイッチを入れる。

　恐縮する蝶子の前に海雲は、コーヒーカップを置いた。

「私が参観し始めてから宿題で半分の生徒が退校措置になりました」

「厳しすぎると思いますか？蝶子さん」

「正直言って、はい」

「中国は人口が多すぎます。こうして間引いていくのは、最低必要条件なんです。この選別が次の時代を作るんです」

「それは分かるような気がします」

「ここまで、私の講義を聴いて、これから世界に打って出ていかねばならない中国の強みは何だと思いますか？蝶子さん」

「人件費の低さでしょうか？やがて、アメリカや日本の生産基地となるでしょう」

「そうです、では、弱みは？」

「それは・・」

「言いにくいですか？それも人件費の低さです。それはすなわち、作り出すものの品質の低さを示します」

「それも分かります。でも、全てのものに、日本の技術力が必要ではないのかもしれません。例えば、このコーヒーカップ」

「そうですね、では、世界の中での中国の機会と脅威は何でしょう？これが私の最後の質問です」

「機会も脅威も先進国に対して、遅れている事でしょうか？」

「そうです、その通りです。ピンチもチャンスも遅れている事です。遅れている事がなぜ機会に？蝶子さん」

「それは・・・次に来る落とし穴が分かるということでしょうか？」

「そうです蝶子さん、もう貴方は私の教室は卒業です。それが分かれば・・・このように長所も短所も、機会も脅威も元は同じです。中国にはこの思想が昔からありますが、日本人にはその意識は薄いです。独立した強みも機会もありません。あると見えているだけです。日本の企業はそれが分かっていないから良いと思うとすぐ群がりたがる。いずれは合成の誤謬を生じさせ痛い目にあうかもしれません」

「私もそう思います。海雲先生、私からの質問です。これから、どのようなジャンルのビジネスが広がっていくでしょうか？」

「蝶子さん、我々より進んでいる日本の事業家がそれを中国人に聞くのは反則です」と微笑み、「それを聞くなら、やはりアメリカの投資家でしょう。シリコンバレーの投資家なら紹介しますよ」

蝶子は校舎から外を見た。

日本の昭和中期の農村の風景に近いものがそこにあった。

しかし、やがて、中国の勢いが日本を追い越すことを予感した。

この海雲は生徒に教える事に飽き足らずネットベンチャー事業を起こし、将来、ニューヨーク市場にも上場し、時価総額で世界第5位にまでその企業を押し上げる事となるのだった。

2　シリコンバレー

蝶子は、アメリカのシリコンバレーの近代的なビルの7階応接室で新世代ベンチャーインベストメントのもマイクマネジャーを待っていた。

シリコンバレーインベストメントは海雲講師の紹介だった。

海雲に師事した者たちは、日本では大西大豪、アメリカでの事業立ち上げはこの投資財団を活用していると言う。

トンとノックをする音がして、応接に入ってきたマイクマネジャーは若かった。２０歳台に見えた。
「ナイスチュミーチュー」
　と挨拶した後、
「スイマセン、お待たせしてしまって、入社の面接が多くて・・・中国人、インド人、さっきの人は南アフリカから・・・蝶子さん、入社のテストで使っている面白いものをお見せしましょう。これです。」

関係ある方に〇

アメリカ人 または 悪		中国人 または 善
〇	傷つける	
	香港	〇
〇	凶悪	
〇	ニクソン	
	輝かしい	〇
〇	ラスベガス	
	鄧小平	〇
	素晴らしい	〇

「これはひょっとして偏見の是正、いや入社テストですから、偏見をどれほど持っているかのテストですか？」
「この練習問題の場合は、簡単なテストなのですが中国人に対する偏見が外せず、〇するのに意外と時間がかかってしまうんです。これから、伸びるのは、国際企業です。世界の各地のいいところ取りが出来るからです。そうなると、スタッフに中国人や、インド人がどんどん入ってくる。偏見で、それらの国の優れた経営資源から目を背けることが大きなロスになる

のです。

いや〜さすがだ。やはり、海雲さんの紹介だけのことはある。是非、貴方の組合とコネクションを持ちたい。あなたは、このシートで、どのような事態が起こるか、自分で試しましたね。そうやって実践から入れる人は極少ないのです。皆、答えから考えてしまう」

「いえ、たまたまです。マイクマネージャー、今、アメリカでの投資ベンチャーはどのようなジャンルに投資されているのかどうしても聞きたくてやってまいりました。これは京都のやつはしというスイーツです」

「ありがとうございます。まあ蝶子さん、結論を急がずに、当社の業務ゾーンを説明します。当社は4部門あります。

ハイテク部門・科学技術部門・新通信部門・金融部門です。

特に今力を入れているのは、金融部門で、世界から理系の大学出身者を採用して、投資のプログラムを開発しています。

要するに、業種と言う枠組みを超えて、プログラムで儲かるところに賭けて行こうということです」

「はあ」と頷きながらも、蝶子はこのシステムで投資するというところに危うさを感じた。

　このシステム投資商品の過剰な流通が後の金融商品に発展し、リーマンショックを引き起こすのだが、この時点で、蝶子は先に起こることは知らない。

「それを日本と言う国を前提に考えて見ましょう！

人はこれからの新分野に目を奪われがちになります。しかし、ひとつの市場が形を成していくまでには、時間がかかります。

私が日本の未来に投資するとしたら、やはり自動車しかありません。

新たな事に目を向けたがるのと、同じく、真正面から目を逸らしがちになります。

自動車を少しでも快適に進めるというのは日本人の最も得意な品質向上で

はありませんか？

いずれ、この国の自動車は駄目になります。我が国の自動車産業の労働者は終礼のベルがなると、ラインがどのようになっていても、仕舞って、マクドナルドに行きたがります。

そんな国の自動車が将来勤勉な日本人が作った車に勝てると思いますか？蝶子さん」

　蝶子は、確かにと思い苦笑するしかなかった。

　この後、今度はマイクマネージャーの紹介でＮＹ市場を見学する事になったのだが・・・

3　ウオールズ街

・・・ということで、ここからは、私、クーパーが案内いたします」と３０歳代の多少肌の黒い女性が言った。

　蝶子はマイクマネージャーにＮＹ市場に入れるように図って貰い今日から、ニューヨークに入ったのだ。

　ニューヨークは中部アメリカと言われもっとも民族の混在した何も売りの無い都市であった。

　ニューヨークにしても、ラスベガスにしてもそうすべく建設したのである。

「では、ＣＨＯＫＯさん、あなたが、日本から来た、コンサルタント会社の社長ということで・・・」

「ＣＨＯＫＯアメリカの人は言いにくいでしょう、ＣＨＯで結構ですわ」

「ではＣＨＯ行きましょう。」

　蝶子はクーパー女史について、視察という名目でニューヨーク市場に入った。

　市場のドアを開ける、この熱気は・・・・

　蝶子はその熱気を甘く見ていた。

　それは、その空間だけ、全く違う、熱気だった。デイーラーたちが自分の値を入れるのに、大声で叫んでいる。

　３００人以上はいるのだろうか？目が皆血走っている、自分の入れたい株のテイッカーを必死で目で追っている。

「すごいですね〜」クーパー女子は「今日は取引高の低い方です」と言った。

「日本のＴＯＹＯＴＡやＳＯＮＹもここでは人気ですわ！」

「クーパーさん、ＴＯＹＯＴＡやＳＯＮＹが何を作っている会社か、ご存知ですか？」

「それは、失礼ですわ、ＴＯＹＯＴＡはＣＡＲ、ＳＯＭＹは、ＳＯＭＹは、はて何だったかしら？」

　蝶子は、予想していた結果にクーパー女子に微笑みかけた。

4　関西空港

　蝶子は、２カ月ぶりに関西空港に降り立った。

　寄航の最終地はサウジアラビアだった。

　日本の地を踏み懐かしさを感じながらもなすべきことが山積みであった。

　協同組合　京都コンストラクトはどのようになっているだろうか？

　出発前の会議では蝶子らの事務局に対する風当たりは強かった。

　特に京都賞受賞で発覚したコーテイングＫＹＯの小山社長のグループ離脱について、その情報さえ入手できていなかった事について

　この２カ月、中国を始めアメリカ、ヨーロッパ、インド、そして、中東と巡り世界の情勢変化を視察した。

　訪問先の紹介でつないだ旅だったが、それが運命のようにも感じた。

　入国手続きを済ませ、はるかに乗り継ぐ。この国の交通料金は高い。

　最もサービス品質が高いとされているこの国では、料金にそれが上乗せされている感覚があった。

蝶子は京都ではなく新大阪までの切符を握っていた。

窓の風景を見る。

大阪南部の風景

蝶子はシートを少し倒して、最も過激な体験であったインドでのシーンを思い出していた。

あれにはさすがに参った・・・

5 インド ジンバ師

このインドでの出会いだけは紹介ではなった。

アメリカのシリコンバレーインベストメントのマイクマネージャーに紹介して貰ったのはアラビアのセルジム王子だったのだが、そのサウジアラビア訪問前に蝶子はインドに寄った。

そこで、市街地ボンベイを離れ、庶民の生活を視察しているうちに蝶子は、誘われるように小さな寺院に入った。

そこで、蝶子の訪問を待っていたように、ある師と出会った。

それがジンバ師である。

地域では宗教祖としてではなく、生活の相談など全てを司っている様子だった。

そこで、あまり話をした記憶が蝶子にはない。意思のみで会話が成立したのだ。

自分が日本から来た、いまは人生の不調期である事などを説明しているうちに香の香りが脳に染みてくるのを感じた。

「あなたは芯が相当強そうだ。申し訳ないが、体の波動を感じさせて貰い、それを感じながらアドバイスしたい」と法衣から、にゅうと右手を差し出し、蝶子の右手を握った。

その時、蝶子は確かに見た。

　ジンバ師の右手が異常に伸びるのを

　法衣を引いて、そのように見せかけているのかと一瞬思ったが、そうで
はなかった。

　伸びたのは肘から先だった。

「何も心配する事はない。自分で自分を恐れているだけだ」とジンバ師は
笑った。

　しかし、蝶子はまさに見てはならないものを見てしまう。ジンバ師の首
がにゅう〜と１ｍ程伸びた。

「どうしました。Ｍｉｓｓ蝶子、貴方の見ている事象とは何でしょう？そ
れは、物質であって物質ではない。外の事象は想いようで何とでもなるの
だ。今見ているものはあなたの内にあるものです」

　本当に見えているのだからこの言葉を受け入れるしかなかった。

「ジンバ尊師、あなたは、その内なる精神も制御できるのですか？」

「ああ〜我々は修行しているからな、でも貴方なら短時間で出来るように
なるだろう。それには全てを受け入れることだ、世界の全てを」

　蝶子は、気が遠くなりながらも、ジンバ師の言葉を微かに理解していた。

６　サウジ　セルジム王子

　はるかは新大阪駅についた。

　旅行用スーツケースを押しながら、北大阪急行へ

　目的地は箕面だったが、そこまでは、駅はつながっていない。

　終点の千里中央からはタクシーを拾うつもりだった。

　回想は続く。

　最後の寄航地は中央サウジアラビアだった。

　サウジアラビアはアメリカに多額の投資をしている。

　シリコンバレーインベストメントは投資会社でありながら、サウジの王
族から投資を受けていた。

マイクマネージャーにより紹介を受けたのはこのような背景である。

　蝶子は、セルジム家のセルジム王子に、インターコンチネンタルホテルの最上階のスイートルームで接待を受けた。

　中東では、このように商談をする層は、常に王族であり、その家系を継ぐ継承者は社長ではなく呼称は王子となる。

　豪華なフルーツがテーブルに並べられた向こうに３０歳代と思われるセルジム王子は座っていた。

「ようこそ、サウジへ、蝶子、我々はＪＡＰＡＮに大いに興味があります」

「はい、ありがとうございます」

「この国の発展に驚かれたでしょう。しかし、この国の多くのものは輸入に頼っています」

「サウジアラビアの国民の生活はどのようなものなのでしょうか？」と蝶子が尋ねると、王子は両手を大げさに上げて、フルーツを指差して、「これが国民の暮らしです。この国の主要な産業は全て王族が関与しています。ここに来るまでに、貴方が見た労働者は全て外国人です。労働力さえも輸入しているのです。その全ての源は天然資源です」

　蝶子は、この国の構造についてはあらかじめ分かってはいたが、そのような体制がいつまでも続くものだろうかと思った。

「ところで、セルジム様、日本には、このような上質のフルーツを作るのも得意としていますが、私たちの分野ではありません。民生機械では、そのようなものにお望みでしょうか？」

「それは、それは、車・クーラー・冷蔵庫などなど、日本の技術のものなら何でもビジネスの土台には乗るでしょう」とセルジム王子は両手を広げて言った。

7　箕面青谷

　御堂筋を真北に走る北大阪急行は終点の千里中央についた。

　そこからタクシーに乗り継ぎ箕面青谷に向かう。

　時刻は5時、暮れなずむ風景があった。

　箕面北部は、笹川家を始め財界の大物に加え、西川きよしをはじめとする芸能界の大物の自宅もあった。

　しかし、西紀グループ総帥、大西大豪の住む青谷は古くからの住民の住む地域である。

　大西邸につくまでに蝶子は訪問したその他の国、欧州地域での出来ごとを思い出したが取りたてて記憶に残ったものはなかった。

　イギリス・フランス・イタリア・ドイツなど

　イタリアでは、皮産業などの伝統的手工業の事業所を訪問したが、ブランド力をうまく発揮していること以外は日本の技術力と比較してみると驚くほどのことはなかった。

　大西邸の前でタクシーを降りる。

　訪問を告げ居間に通されると着物を着た大西大豪が現れた。

「やあ、蝶子さん、半年ぶりやな。海外武者修行はどうでしたか？」

蝶子は「夜分にすいません。どうしても真っ直ぐにお礼を言いに来たくて・・・」

　とテーブルに土産を置いた。

「何か視野が広がりましか？」

「はい、随分と、大西さんさっそくお願いがあって来ました」

「なにか九十九グループ大逆転の絵図でも書けましたか？」

「いえ、それが大西会長・・」と蝶子は膝を大西に寄せた。

　　　　　　　　　　　　　〜海外放浪編　Fin〜

第6章　ベンチャー育成編　後編

1　帰国後初会議

そして、いよいよ蝶子の帰国後、協同組合 京都コンストラクトの初会議が行われた。

平成１３年６月のことだった。

京都コンストラクトグループメンバーは１０社に達していた。

京都精密に奪われたコーテイング技術の会社として久御山のＰコートの坂口社長が加入していた。

蝶子が冒頭挨拶した。

「この２カ月、ご迷惑をおかけしました」

とここで事務局としての責任論が持ち出され紛糾したのだが、あまり話の筋には関係ないので省略する。

蝶子は、その問題を今後の行いで様子を見て貰うと言うことで切り抜けて、「消えていた２カ月間世界情勢を見てきました。世界の経済はものすごい勢いで動いています。私たちも早急に技術開発に取り組まねばなりません、そこで、稲村さん、取り組むべきベストな最終川下製品は何だと思いますか？」

と尋ねられても、すぐ、答えは出てこない。

この間、京滋セラミックも年商２０億の会社に急成長していた。

「ここは現在の延長線上のことをしても、これ以上の成長は望めないと思います」と一拍置いた後で、会員たちは蝶子が何を言い出すか、と沈黙して聞いた。

「私は車のエンジン炉の性能で勝負しようと思います。性能の高いエンジンをメーカーに提案するんです」

「車のエンジン・・・」と京都実業の永村もため息をついた。

　そして、「蝶子さん、組合企業で確かに技術は揃いつつあります。しかし、車のエンジンと言えば日本の技術の中でも最もレベルの高いところ、トヨタの設計部門だけでも５，０００人以上はいる部門です。そんなところで勝負しても勝算が・・・」と否定的な意見を言った。

「だからこそ、勝負するんです。大企業のサラリーマンに危険を冒した発想は出来ません」
　ここで、Ｐコートの坂口が「しかし。開発しても、私達は研究開発ばかりで、受注をまとめるアセンブラー企業がありません。メーカーとのコネクションがありません」
「それについては、私に考えがあります。出来ないから入っては初めから負けです」
　会議室はシーンとした。組合に加入したばかりのＰコートの坂口社長が「蝶子さん、私達のグループには肝心のエンジン炉機関の研究企業がないんです」
「ええ、そこで、探そうと思っています。京都、出来れば京都南部で、それを研究している研究者はいませんか？」
　会議室に妙な空気が走った。
　一同「それが〜」
「あるんですね！」と蝶子
「それが、京都一の変わり者と言われている人でして」と京都実業の永村
「京都ものづくり大賞も何度もそれで挑戦して落選している企業が・・・」

　それは、宇治市伊勢田の石森工業と言う会社だった。
　石森進は一匹狼として業界で、名は知られており、その偏屈度合いは、誰もが認めるところだった。
「石森工業ですね、私が行きます」という蝶子にメンバーは前半の攻める雰囲気から一気に哀れむ雰囲気となった。

「ある意味、九十九のおっさんより、話して腹が立つかも」とPコートの坂口社長が言う。

　会議は、いったん終了したが京滋セラミックの稲村と蝶子が会議室に残った。

　蝶子が、「稲村さん、以前より言っていたことをいよいよ実行に移しませんか？」

　稲村社長が緊張した面持ちで、「はい、ＩＰＯ（上場）の件ですね」

「はい、ここ数カ月、世界を見てきて今まで私たちのやってきたことの小ささを思い知らされました。これからは、開発の資金も要りますし、外国との取引も視野に入れないと行けません。そのためにもまず上場です。ところで稲村さん、上場に一番大切なものは何だと思いますか？」

「それは会社の戦略でしょうか？」

「そうです、でも投資家が本当に期待するのは、次の戦略の玉です。それは、皆で考えましょう。稲村さんに是非お願いしたいのは正々たる経営です。これからは企業の社会的責任を問う声がますます大きくなると思います。稲村さん、これからの日本は誰にとっても未知の社会です。勇気を持って取り組んでいきましょう」と蝶子は稲村の手を握った。

2　石森工業

　その石森工業へは、藤村美園が何度電話しても「今会う気はない」とアポイントメントがとれなかった。

　この場に及んで、蝶子が飛び込み訪問することになった。

　石森工業は宇治の伊勢田にある。かつてと言っても大昔だが巨椋池のあったところであり地盤の弱いところであった。

「ここですね」と美園が額の汗をぬぐいながら言った。

　平日にもかかわらず工場のシャッターは下りている。

　蝶子はインターフオンを押した。

　返事はない。何度も押す。

　がたっと音がしてドアが開き、中から不機嫌そうな中年の男が顔を出す。「何や」と態度も悪い。

「私、協同組合 京都コンストラクトの遠野木蝶子と申します。石森さんの技術をお借りしたいと・・・」

　と言うと、石森は返事もせずにドアを閉めようとする。その手を蝶子は掴んだ。「お話だけでも」と言うと、石森は何も言わず、事務所の方を指差し、仕方なさそうに２人を招き入れた。

　工場敷地内の２階の事務所スペース、１階を作業場にしている作りだったが、作業場は稼働している様子はなかった。

　石森はその状況を嘆くように「なあんも、仕事あらへんがな」と言い事務所のドアを閉めた。

　応接室の椅子に２人を座らせて、石森は「あんたとこやな、この前からうるそう電話をしてきてたのは」

　美園が「はい、すいませんでした」と詫びる。

　蝶子は「石森さん、この際単刀直入に申し上げます。ここへは、昔、車の大手メーカーもエンジン炉の技術開発の情報を聞きに来たと聞いています。京滋セラミックの稲村さんも実力を認めてました。私どもの組合に参画していただいてともに開発しませんか」

「わしわなあ、ご覧のとおり共同歩調を取れるような性格やない。分かるやろ。一匹狼でしか生きられへんのんや」

「失礼な事申し上げますが、それでももう限界感じたはんのんと違います？」

「い、いや、失礼なこと言う女やな、これでもわしはいつか陽の当たる日が来ると思てる。そのために特許ちうもんがあるんや、いつの日かここにメーカーが設計頼みに来る」

　石森を、蝶子はじっと見つめて「分かりました。今日はこれで失礼しま

す」と言った。

　石森は何か言ってくれると期待していたのか拍子抜けの顔になった。

3　パチンコ屋　パーラー　ハワイ

　石森工業より車は京都コンストラクトへの帰路に着こうとした。

　ハンドルを握っていた藤村美園が「あ、石森社長が・・」と会っていたばかりの石森進社長を見つける。

　社長の歩いていった先はパチンコホール「パーラー　ハワイ」だった。

　ここは、山村興産の経営ではなく京都自営グループの方のホールだった。

「美園ちゃん、先帰ってて！」と蝶子は石森社長に続きパーラーハワイに入店して言った。

　店に入った蝶子の視界に早くもパチンコ台に座って玉を打っている社長の姿があった。

　静かに隣の台に座る。客もまばらなので、石森はすぐに気がつく。

「なんや、仕事さぼって何しているかまで偵察か？」

「いえ。私もパチンコ好きなんです」と蝶子は咄嗟に嘘を言い、千円を台に流し込み打ち始めた。

「遠野木はん、このパチンコの台・ばね・釘の精度をどう思う？」と石森は意外な事を聞いた。

「遠野木はん、このパチンコの台・ばね・釘の精度をどう思う？」と石森は意外な事を聞いた。

「そんなに精度は高くないのでしょうか？」

「そや、ばらばらや、それじゃ、なんでわしら製造業者が下請けで乗り込んでいかへんのか分かるか？」

「それは・・・打つ人がそのばらつきを楽しんでいるのと違いますか？」

「半分当たりやな、もう半分は、製造業者にも仁義があるということや！

140

わしらがゴルフクラブ作ったらあと３０ヤードは飛ばせるクラブが作れるやろなあ！その台、かかるかもしれんで」

　石森が言うと回転盤の数字左から３３と揃い激しい音楽が鳴った。

　右のドラムがぐるぐると回りいったん３で止る。

　石森が「当たった！」

「いや、外れます」と蝶子

　その通り３から、かたっとひとつ上がり４で止った。

「あ、あんた何で分かった」

「私の念力です。思いです。外部の事象は変えられるんです。アプローチしている社長さんより先に私が当てたら洒落になりませんやろ」

　アハハと２人は笑った。

4　決着

　その後、蝶子と石森は隣同志で３０分程、パチンコを打ちながら業界の事など談笑した。

　訪問時のとげとげしさは消えていた。

　その間、パチンコに大当たりはこなかった。

　話しの節々よりやはり石森工業の経営は苦しそうだった。

　蝶子は暑い季節に車の中で待つ藤村美園が気に係り、「では、社長さん、また」と席を立とうとした。

　石森が「遠野木はん、もう行くんか？なんか言うことないのんか？わしは、あんた目が気に入った。

あんたの目は、まだ、勝ちきっていない目や、このわしところに来た九十九のおっさんのボス猿の目とは違う。あんたの目はまだ餌にありついていない目や。

九十九おっさんは、尻尾振ってくるのを待っているんや。わしはそれだけは嫌や。今のわしの状況は一匹狼なんてかっこいいものじゃない。

でも、尻尾ふる猿の目にだけはなりたくない。せめて負け犬の目になりたい。あんたの言うとおり、限界なんや。よっしゃ、遠野木はんに賭けるわ、いや、心配せんでええ、軍門に下るからには我がままばかり言わん、心配せんといて」

「石森さん・・・」と蝶子はパチンコ台の方を向いたまま話す石森を見つめた。

　組合の会議で落とすのは難攻不落、落とすのは無理と言われた石森工業は、たった１日で落ちたのだった。

５　難航

　石森工業を中心とした新エンジン炉の開発はそう簡単には進まなかった。

　研究にはもともと時間がかかる上に石森工業のロケーションの悪さが足を引っ張った。

　協同組合　京都コンストラクトへエンジン炉を持ち込み試験するのにも半日かかった。

　ことここに及んで蝶子は、一計を暗示、石森工業の石森社長に対して、協同組合の敷地内への移転を提案した。

　慣れ親しんだ宇治からの移転を最初、石森は渋った。

「温度・湿度管理も協同組合の方が優れています。スタッフも貸します」

　と蝶子は理詰めで説得して行った。

　同時期、株式会社　京滋セラミックの上場準備も協同組合内で始まっていた。

　追い込まれた石森社長はとうとう本音を言った。

「蝶子さん、そしたら、１週間に１回はこの辺りの近くのホールでパチンコに行かせてくれるか？研究者はそういうぼ～っとする時間がないとあかんのや」

　これに対して、「分かりました。その代わり私が付き添わせて貰います。

でも石森さん、この辺り周りは山村興産のホールばかりであまり出ませんえ」と言った。

6　臨戦態勢

　秋に向けて協同組合 京都コンストラクトでは、臨戦態勢が組まれた、
・石森工業を中心とした車のエンジン炉の開発
・京滋セラミックの上場
・京都ものづくり大賞への再挑戦
・各種大商談会への出展
と大仕事が目白押しで、ものづくり大賞の応募とビジネスフェアへの出展も間に合えば、石森工業の開発したエンジン炉で行こうという計画になった。

　京滋セラミックの上場準備の資料整備も組合内で行われ、組合のスタッフも手伝ったが、作業分量は多く毎夜、残業が繰り返された。

　何度も組合員の会議が行われそれぞれの進捗状況が確認された。

　特に、京都ものづくり大賞に関しては、せっかく大賞を受賞したメンバーが京都精密グループに引き抜かれていたという失態を事務局は経験している。

　この秋の戦略に対して蝶子は「上場の方は上場後、投資家にＩＲで、話題を提供できるように稲村社長と相談して、次々新戦略を打っていきます。ものづくり大賞の方は、今年はメンバーの結束も固く大丈夫です。あんなことにはなりません。でも、審査に関しては根回しはいたしません。まさに、石森さん始めグループの技術力で勝負したいと思っています。実力でとらないと意味がありません。製造業とは、そういうものでしょう」と意外なことを言った。

7 振興公社の変わり種

　時村至は振興公社の中では変わりものとされていた。

　まず、振興公社とは、都道府県の外郭団体であり、企業の成長に向けての各種のサポートをする機関である。

　製造業に対しては、これも国の資金を貸しつける設備貸与制度を仕事としていた。

　なぜ、地方自治体はこのような業務で外郭団体を立てるかお分かりになるだろうか？

　行政窓口というのは基本的に企業の取り扱いに公平が要求されるので経営相談という行為は取りにくいのである。

　よって、役所からの出向者や定年退職からの嘱託での移行が多いのだが、時村は民間企業からの転職組だった。

　なぜ、変わり種とされたかというとお役所的な雰囲気に合わなかったからである。

　がんばり過ぎると、軋轢を生むと言う役所の悪弊の典型的なケースだった。

　その時村が木村事業部長に呼ばれた。時村の役職は課長である。

「おい、時村君、また、わしの代理でものづくり京都賞の審査員でプリンスホテル行ってくれるか？」

「は、はい・・・」

　と答えたもののあまり気が進まなかった。

　毎年、ものづくり大賞は、Ｋ工芸大学の飯田教授の筋書きで最初から決まっているのだ。

　某企業グループの会社に・・・

　木村が出席をここ数年避けているのも、それが原因であることを、時村は悟っていた。

　自分が審査会で、何か波紋を起こすことを言ってしまわないか今から不

安だった。

＊）現在は振興公社という名称は、どの県にもありません。その業務も多
　様化しており、「○○県産業プラザ」などの名称になっています。

8　九十九グループ

　またも、右京区の天麩羅老舗店「天ぞ」で九十九グループが今秋に向け
ての密談に入っていた。
　メンバーは、九十九一力　京都精密　会長、井口　貢　井口電機社長、小山
隆　コーテイングＫＹＯ　社長、コンサルタント　下平一平、藤田　稔　ＲＡ
Ｋ　社長、高山清二　東実化成　社長、川尻保　イワサ　社長の７人だった。
　料理は１時間後しか運ばれてこないことになっていた。
　九十九会長が、口火を切った。
「この秋の動きはどうだ。ものづくり京都賞と、ビジネスフエアの他社情
報はどうなっている」
　コンサルタントの下平が言う。
「はい、強力なライバルは見当たりません。京都賞は当グループからは２
社ほど候補を出す予定ですが、今年は昨年、優秀賞で惜しかったイワサさ
んに是非とも取って貰いたいと思っています」と陣営の川尻代表を見る。
「テーマは？」「はい、短納期対応のための工程集約化です」「ちょっと
弱い気もするが、あの教授の出番が多くなるな」と九十九会長。
「例の京都コンストラクトグループからは？」
「何度挑戦しても、無理です。賞の取れそうな大した企業は入っていませ
ん」とここで、商社ＲＡＫの藤田社長が、「あの伊勢田のへんこつ親父の
石森が、最近あの伏見の協同組合の事務所に出入りしているとか」
「あの石森が？藤田社長、もう少し詳しく調べてくれ」とイワサの川尻社
長。

イワサも所在地は宇治市伊勢田で、かつては石森工業と自動車部品の仕事でかち合った経験があるのだ。

番頭格の井口社長が、九十九代表の方に少し寄り「それより、あの京滋セラミックの上場の話はどうやらほんとのようです」

九十九会長は少し渋い顔をして「それはいかんな、そんな目立ったことして貰っちゃ、しかし、動き出しているものはもう止められんわな、わしのコネを総動員してあの――精工の時のように、上場後まっさかさまに屑株に落としてやらんとあかんな！」と言った。

9. 精神戦

京都コンストラクトグループでは、京滋セラミックの上場と、石森工業を中心とした車の新エンジン炉の開発に邁進していた。

上場に関しては、準備は大詰めで、野崎証券の吉田秀介もアドバイスで協同組合事務所に入り込み資料作成のアドバイスに勤しんでいた。

要求される資料数は膨大な数に及んだが、なぜ、必要かという吉田の解説にはいちいと納得することばかりだった。

「皆さん、山場は越えたと思います。後もう少しばんがりばりましょう！」と吉田は言った。

目指すのはジャスダック市場で、初値は１，５００円程度を目指すことになった。

全ては順調に見えたのだが、稲村がプレッシャーを感じすぎたのか、体調を崩していった。

顔色が蒼ざめてきたのだ。そんな、稲村に蝶子は「稲村さん、経営者は、常に穏やかに精神を保つことが必要です。

ここ数日は資料の整理にかかりますので、２～３日は事務局で対応できます。篭らはりますか？長岡天神さんで経営者向きのそういう精神統一のコースがあります。

思い切って携帯電話も一切シャッタアウトして、座禅してきたらどうです?」と気分転換を勧めた。

これに稲村も乗り、静養も兼ねて長岡京市に向かった。

この策が、良かったのかその後、稲村の顔は生気を取り戻していった。

そして、蝶子は石森工業の石森進社長には、同じ策を使わず時々事業所を抜けて山村興産のパチンコホールに行くのを黙認した。

10　初値

そして、株式会社 京滋セラミックの上場日が来た。

公募価格1,680円のところ、2,005円の高値が付き、まずまず、というか喜ぶべき出だしだった。

この初値で協同組合や、蝶子ら関係者も創業者利益を得たのだがもちろん利益確定のために売却することはなかった。

京都商工会議所ビルの京都記者クラブで稲村社長の会見が行われた。

京都府での久々の上場企業ということで、在京関係13誌の記者が勢ぞろいした。

この席上、出席を固辞する遠野木蝶子を稲村勝は、会見席上の横に座らせた。

あの女性は?と記者たちは、いぶかしんだが、最後まで蝶子は一言も発言しなかった。

会見が始まり今後の戦略について様々な質問が浴びせられた。

蝶子が横で見守る中、無難に答えていった稲村だったが、「京都でのライバル企業は?」の質問に、答えが詰まった。

一瞬、詰まると言葉が出なくなった。

蝶子は記者から見えない机の下で「ライバルはなし」というメモを見せた。

それで、我を取り戻した稲村は「ライバルというのは特に考えていませ

ん。自社の道を追い求めるだけです」と答えた。

　蝶子は横についていて、稲村でさえ、このようにフラッシュを浴びると舞い上がるのかと思った。

　船場吉兆の女将が横から息子に囁く事件が起こるのはこの記者会見の7年後のことだった。

11　実験架橋

　8月に入り、石森工業のエンジン炉の開発の研究は佳境に入った。

　ことここに至って蝶子は研究者である石森進を見直した。

　エンジンの回転数を上げるために実験室に籠りっきりでスタッフの問いかけも耳に入らぬほどだった。

　エンジンの性能強化とは詰まる所、パワーの強化であり、それは回転数の強化だった。

　それが、エネルギーの低減、燃費の向上にも繋がっていくのである。

　エンジン炉のどこをどう変えれば、それが可能になるのかは簡単そうでありながらも石森にしか分からない世界だった。

　組合参画企業はパーツ部分の改良という形で協力した。

　京都コンストラクト内の実験室での検査では徐々にその回転数を上げていった。

　ついには目指していた基準値もクリアーした。

　しかし、検査は公設試験研究機関という公共的な第3者機関で立証せねば、有効なものにはならない。

　そして、その検査日はやってきたのである。

12　九十九陣営

　九十九グループの会合が料亭ではなく京都亀岡の京都精密工場の会議室

で行われていた。

　京都精密の本社登記は京都市内である。

　京滋セラミックが上場する等、京都コンストラクトの躍進が脚光を浴び、料亭で会議をする余裕はなくなっていた。

　番頭格の井口社長が口火を切った。

「どや、向こうの様子は、下平さん」

コンサルタントの下平が答えて「京滋セラミックの今後の戦略は」と言いかけたところ、九十九会長が「いやセラミックの方はわしが責任もって手を打つ。それより、ものづくり京都賞の方の情報をくれ！」

　再度、下平が「多分、石森工業一本で来るでしょう。例の新エンジン炉開発のピッチを上げていると聞いています」

　高山社長が「そしたら、そろそろ公設試験研究所での検査やな」

　九十九会長がそれを聞き、コーテイングＫＹＯ小山社長に「小山社長、あんたの会社、最近特許取得の件で公設試へ出入りしとるやろ、調べてくれ」

　小山は「は、はい」と答えたものの自分の本来の業務はコーテイングの研究開発、スパイのようなことは気が進んではいなかった。

１３　運命の日

　そして、石森工業の運命の日はやってきた。

　９月１日、公設試験研究所での新エンジン炉の性能検査が行われることになった。

　協同組合 蝶子を初めとして、京都コンストラクトのスタッフと同敷地内のグループ参画企業の社員が、朝一番にエントランスに勢ぞろいして、石森社長が出発時の見送りに参集した。

　石森は年式の古いミニバンの後部に試作機を乗せた。

「そしたら、行ってきます」と石森進は神妙な顔で恥ずかしげに言った。

見送るメンバーも祈るような顔で小さくなっていく白いミニバンを見つめていた。

　その後、京都コンストラクト内は微妙な空気に包まれた。

　朝９時に出た石森の車は予定の午後３時になっても帰って来なかった。

　午後３時半「帰って来たでぇ」との声がどこかから聞こえ、京都コンストラクト内の作業の手が止った。

　一斉に、建物敷地外の駐車スペースに全員が出た。ミニバンのドアが開き、石森が後部シートの試作機を下ろそうとする。

　参画企業社員がそれを手伝う。石森の顔が緊張のためか青白い。

　蝶子が代表して石森に声をかける。「石森社長、お疲れ様でした」

「ああ、蝶子さん、なんとか数値クリアーできた。ことがことだけに、公設試も何回もやらせてくれいうてな、遅なった、すまん」

　それでも石森の顔に笑顔はなかった。

「今までは、こんな時、騒いどったんやが・・・これからの責任感じてな。皆の思いも乗っているしな」と試作機に手を置いた。

　石森の目は滲んでいた。

　誰からともなく、パチ、パチと石森への賞賛の拍手が起こり、その輪は全員に広がっていった。

１４　三宮　レストラン「ラ・シェール」

　神戸三宮の高級フレンチレストラン「ラ・シェール」

　京都精密の九十九会長と、神戸山王組、小山田正絹若頭が向かい合って座っている。

　小山田が「分かりました。それで、京滋の株を落とせばよろしいんやな、株価操作については、直接出来ませんで、関東の仕手、整備グループの沖田ちうもん使います。

　手数料は２，０００万でお願いしますわ」

　２０００年頃にはまだ、経済やくざという名称はあったが直接株式操作にまで関与する指定暴力団はなく、直悦相場にまで関与するのはこの直後の事である。

「５，０００万と言いたいところやけど、向こうには西紀グループの大西言うのがついています。整備の方が資金量は上です。

うちもこの大西を潰そうと思っていたところですんで、まけときます。これは、代理戦争ですわ」

「分かりました、小山田さん、すいません。１，０００万はすぐ払います。後の１，０００万は京滋の株を５００円以下に落とせた時の成功報酬として貰えませんやろか？」

　一瞬、小山田の眼光が光ったが「まあ、分かった」と答えた。

「ただし、今回は１００％大丈夫とはいいまへんで、京滋のバックには遠野木いう女性が付いとる。こいつが得体が知れん」

「その女をたたき潰さんとあかんのですわ。しかし、天下の山王組が・・」と言いかけところを遮って「私らは素人のしかも女に、暴力で手え出すわけにはいかんのですわ」と小山田は煮え切らない事を言った。

１５　ものづくり京都賞　審査始まる！

　そして第２１回のものづくり京都賞の審査が、宝が池プリンスホテルで行われた。

　九十九陣営は昨年、優秀賞だったイワサに京都コンストラクト陣営は、新エンジン炉開発のなった石森工業一本に候補を絞った。

　九十九陣営は審査委員長のK工芸大学、飯田教授に例年以上に強く、賞への誘導を依頼した。

　それぞれの会社のプレゼンも終わり、後は、審査と結果発表を待つばかりとなった。

　発表会場には両陣営の関係者が勢ぞろいしていた。

九十九会長は最後方で目を光らせて着座していた。

　会議室に審査員は既に着座していた。

　委員長の飯田教授待ちだった。

　開始時間から待たせる事５分、飯田教授が現れ、コホンと咳をして席に着いた。

　審査メンバーは

京都商工会議所　山田崇事業部長

京都府　ものづくり・織物振興課　義家裕之　課長

京都市　産業振興課　向　宗徳部長

京都府団体中央会　石田剛専務理事

京都府中小企業振興公社　時村　至　振興課長

中小企業金融公庫　飯塚　和　事業部長

司会は京都商工会議所の山田部長が受け持った。

「では、第２１回、ものづくり京都賞の審査会を行います。

今回ノミネートは

株式会社　イワサ　宇治市　短納期対応のための工程集約化

株式会社　トーセイ　八幡市　３Ｄゲームソフト開発

株式会社　洛北技巧　北区　技術力を活用した福祉用具開発

株式会社　石森工業　宇治市　新エンジン炉の開発

株式会社　エール　大山崎町　デザイン性豊かな自転車カバー開発

の５社です。公平な審議をお願いします」

審査委員長の飯田教授が「最優秀賞はイワサで優秀賞はトーセイで、どうですかな」と早々に結論を言った。

　審査委員一堂は、教授の京都精密グループ贔屓に一瞬沈黙した。

１６　審査会紛糾！

　司会者の山田が取り成す。

「飯田教授、技術評価のコメントを」
「技術コメントか？そこまで論じる事もなく、消去法で十分ですな。
洛北技工はまだ、創業して年数が足りない。
エールについては少し売上不足、石森工業に至っては研究開発ばかりで売
上げ実績が全くなし！」と一丁両断に切った。

　確かに、売上げ順に並べると、イワサ　8億、トーセイ　5億、エール　2
億、洛北技巧　8千万、石森工業　2千万であった。

　ただ、イワサ、トーセイは、京都精密グループ内で回して貰った売上げ
であることはメンバー全員知っている。

　この規模要因で決まってしまってよいのかという空気が会議室に流れた。

　司会者の山田が、「では、審査員全員のコメントをいただきましょう」

　京都市の産業振興課　向　宗徳部長「私は、飯田先生の案で良いと思いま
す。いくら技術の賞と言ってもある程度の事業規模は必要かと」

　中小企業金融公庫の飯塚　和　事業部長「私も委員長案で良いと思います」
京都府団体中央会の石田剛専務理事「私も同じくです」

　とことなかれ主義の3人の発言が続いた後、京都府のものづくり・織物
振興課　義家裕之　課長「ここは、ものづくり大賞なので技術論を戦わす必
要があると思います」

　これに対して飯田教授が顔色を変えて「先程は消去法と言ったが、ちゃ
んと技術面も見ておる！2社とも、別の第3者評価でベンチャー評価Aを
取っておるわ！」

　このベンチャー評価委員会も飯田教授が審査委員長の職をしているのを
全員が知っていた。

　最後に京都府中小企業振興公社　時村に発言の機会が回ってきた。
「プラン・技術ともどうみても石森工業が上です。
ほんとにイワサに決まっていいんですか？確かに多数決では、負けです。
ですが、中小企業の技術開発の現場を見てきた勘でどちらが爆発力のある
技術科は分かります。イワサの短納期対応のための工程集約化は製造業な

ら皆やっていることです。皆さんも、本音ではそう感じているのと違いますか？こんなことでは京都の技術力は地に落ちてしまいます」

　静まり返った会議室だったが、飯田教授が、こらえ切れず「これ！真の技術開発の意味が分かってんのか？」と時村の意見を一喝した。

　しかし、そこから会議室は紛糾した。

１７　ものづくり大賞発表！

　３０分で終わるはずの審査会議は１時間を超過した。
「何かあったんだろう」という意見がざわつき出した発表会場の前方に審査員たちが現れて、席に着いた。

　会議所の山田部長が、司会のマイクを取った。
「皆様、大変お待たせしました。
今年は、どの企業も秀逸な技術プランで、審査において、受賞企業を絞るのに困難を極めておりました。では、発表いたします」

　と一拍置き、「まず、最優秀賞は北区の洛北技巧であります。福祉用具という観点から京都の技術力の向上に寄与してきました」

　壇上に、洛北技巧の吉田社長が上がり感涙の表彰を受ける。
「ではいよいよ、京都ものづくり大賞、最優秀賞の発表です。審査委員長の飯田教授より発表いたします」とマイクを教授に渡す。

　飯田教授は着物の裾から紙を取り出して「第２１回、京都ものづくり大賞、最優秀賞は・・・」

　一瞬詰まって言いにくそうに
「株式会社　石森工業の新エンジン炉の研究開発です」

　京都コンストラクト陣営で驚きの歓声が起こる。「石森社長、やりましたねえ」と周りから祝福される。まず、花束が渡される。

　会場後方で「馬鹿な！」という京都精密、九十九会長の罵声がしたが、歓声に大きくかき消された。

九十九会長は憤然として席を立った。

司会者が「石森社長。壇上へどうぞ」と促す。

マイクを渡された石森社長は、「ありがとうございます。長年研究してきました。はっきり言って毎日、下請けの同じ仕事をしている中小企業を馬鹿にしていました。

しかし、そんなことをしているうちに自分自身もどうにもならなくなっていました。そんな時に、協同組合の京都コンストラクトに手を差し伸べていただき、コンストラクトのグループ企業の力を借りる事が出来ました。研究と実業は車の両輪である事が痛いほど分かりました。これからも日々反省を怠らず邁進していきます」と言ったところで場内は割れんばかりの拍手が起こった。

ここで、審査会議の真相を述べておこう。

振興公社の時村課長が、飯田教授を恐れず、自分の意見を述べたところまでだったが、持論を打ち上げた後は、意外と冷静さを取り戻して、アメリカ映画の名作「１２人の怒れる男たち」の話の筋そのままに、審査員一人一人の良心に問いかけていって票を覆していったのである。

１８ 最終対決前

京都ものづくり大賞で、石森工業が最優秀賞を受賞し、京都コンストラクトグループは大いに沸き、意気が上がったが、京滋セラミックの株価は乱高下した。

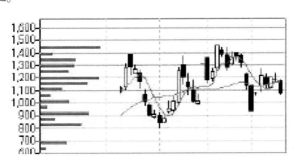

特筆すべきは売買高の高さであり、大量の売りと買いが同時に入る事から仕手筋に乗っている評判がすぐに立った。

　投資家たちの間で銘柄が知られるところになり、稲村社長の次のＩＲ発表が待ち望まれた。

　また、石森工業の開発についてはものづくり大賞の効果で日刊工業新聞がまず、小さく取り上げ京都の製造業の社長の間で噂が口コミしていった。

　そんななか、パルスプラザでの年一回の行政の合同主催京都大商談会が近づいた。

　大商談会前日。出展する京都コンストラクトグループ企業が会議室に集まった。

　蝶子は「皆さん、お疲れ様です。運勢は気を抜いたときから落ちていきます。明日の大商談会、しっかりとやりましょう」と引き締めた。

　京都ものづくり大賞発表後の京都精密グループの動きも書いておこう。

　まず、情報収集の役を命じられていた商社ＲＡＣの藤田社長とコーティングＫＹＯの小山社長が正確な情報をグループに伝えていたにも関わらずグループから粛清された。

　２社ともグループ内での受注で成り立っていた会社なので、市場の中で沈んでいった。

　九十九グループの崩壊は目の前まで来ていた。

19　秋の大商談会始まる

　秋の京都大商談会は日本晴れの中パルスプラザで開催された。

　荒巻禎一京都府知事がテープカットと挨拶をした。

　京都精密グループ、京都コンストラクトグループともに３ブース。

　ものづくり大賞を受賞した石森工業のブースにはその試作機が展示され、模擬実験が行われ多くの人を集めていた。

　良いことばかりではなかった。展示ブースも出していた京滋セラミック

の株が朝から６００円台にまで急落していた。

　このようなジジネスフエアでは、客寄せとマスコミへのアピールのために、少し目立ちたがり屋のエコノミストか大学教授のセミナーが催されるのが常である。

　今回は大ホールで飯田教授のものづくりセミナーは催されたが、集まった観客は５００人ほどだった。

　壇上に立った飯田教授は、一瞬、会場の観客数を確かめるようにして話し出した。

「京都は観光の街でもありますが、ベンチャーの街でもあります。

しかし、製造業のもうひとつの側面である中小企業製造業としてメーカーをしっかりと支えているという下請けの街でもあるのです。

愛知の名門車産業をさせているのはこの地域の技術力といっても良いでしょう。これはあまり知られていませんが重大な事実です。

その中心となっている中小企業を紹介します。それは、京都精密です。

創業者の九十九一力会長は数多くの中小企業に出資して京都の新たな芽を育てておられます。

この京都精密グループは京都でしっかりとした中小企業のクラスターを形成しています。これに対して、最近、模倣行為をする協同組合形式のところが、現れましたが・・・」とここまできたところで会場の後方が騒がしくなり、飯田教授もその騒ぎの元を計るべく話を中断した。

　場内では「アメリカの？」「あの＊＊＊＊が？」という言葉が囁くように伝えら伝染していった。

２０　フオード来日

　堰を切ったようにセミナー会場を受講者が静かに出て行き、ほとんどの人が商談ブースのある１階に流出した。

　セミナー会場の受講者が一斉に移動したのはビジネスフエアの展示会場

だった。日本に輸出の交渉に来ていたアメリカのフォード・モーターのウィリアム・クレイ・フォード・ジュニア会長が、このフェア会場に飛び入りで視察に来たのだった。

蝶子のアメリカで訪ねたシリコンバレー・インベストメントのマイクマネジャーが案内でクーパー女史が通訳で付き添っていた。

そして、中小企業庁の中村長官も同行しており、30人近い記者の焚くフラッシュが会場を騒然とさせていた。

石森工業のブースに、フォード・ジュニア会長が近づき、「Nice to meet you」と握手を求め「Nice to meet you！Special Thanks！」と蝶子が握手で応じた。

石森社長も、いつの間に勉強したのか？英語で、フォード一団に新エンジン炉の性能を解説していた。

21 終結

前場で600円台に急降下した京滋セラミックの株価は午後、急反転して、2,000円を突破して上方につき抜けていった。

ビジネスフェアも終了の午後4時が近づき、視察の客も引き、まばらとなった。

完敗を自覚した九十九一力は、重い足を引きずりながら、最後の役割を果たすべく京都コンストラクトのブースへと近づいて行った。

遠野木蝶子は近づいて来た人物が、その空気で九十九会長である事を悟った。

「遠野木いうのはあんたか？わしの完敗やな、ものづくり京都賞ではどんな手を使こうた」

「九十九会長、お世話様です。はい、そっちは何の手も使ってません。製造業の本質は技術ですやろ。その代わり株価の方はいろんな資金使わせて貰いました」

「国内だけ違うて、海外もやな？最後の資金は海外からか？アメリカか？欧州か？それとも、今流行の中東か？」

「いえ、インドです。インドの資金でにゅ～と株価は伸びるんです」と蝶子は静かに笑った。

「九十九さん、もう意地の張り合いやめせんか？私たちは戦う事を望んでいるわけではありません」

「いや、手を組むいう話やったら無理やな、遠野木はん、わしは京都いう小さな土地での大将や、それを妨げるものを叩き落すことだけを生きがいにやってきた。わしはそういう『いけずな』ことでしか力を発揮できん典型的京都人や。あんたは次のステージへ行き、認めたる」と、肩を落とし、九十九一力は蝶子の前から去っていった。

エピローグ　～帰蝶～

　京滋セラミックが上場した3年後、永村社長の京都実業が上場し、その1年後、石森工業が上場した。

　京都コンストラクトの基盤が固まったことを確認して遠野木蝶子は2003年に協同組合 京都コンストラクトの専務理事を後輩の藤村美園に譲り退任した。

　そして、中国珠海の海雲のたっての願いで、珠海工科大学のベンチャー論の教壇に2年間半立ち、その間に何人もの事業家を中国南部から輩出した。

　海外進出に際し、シリコンバレーインベストメントのマイクマネジャーと大西大豪に紹介して、投資家利益を得て貰い、京滋セラミック上場時に資金を入れて、勢いをつけて貰った恩を返した。

　中国人は恩を受けた人の名は忘れず「蝶子先生（チョウツウシエンション）」の名はベンチャー志望者の間では知らぬ人はいない程に広まった。

　海雲もその頃、事業家としてネット通販の事業を起こし世界で名を馳せ

ていた。

　そして、「才気ある女性、短命に終わる」の諺どおり、２００６年に
４１歳の若さで逝った。

　珠海工科大学の職員が連絡が取れないことに心配して、住居を訪ね、冷
たくなった蝶子を発見した。

　中国の病院の受付システムが分かりにくく体がつらいのを隠していたの
も、ひとつの要因となった。

　京都における伝説の女性と言われた遠野木蝶子は孤高を通し、人生を全
力で駆け抜けた。

　蝶子の名前を伝説として、広めたのは、山村興産の山村恵司、京都精密
の九十九一力らのライバル陣営だった。

　皆、あの女にはかなわんと言った。

　珠海工科大学の職員が、逝去を確認した時、１ＤＫのアパートの蝶子の
部屋には何もなく、生前に蝶子が育てていただろうか、枕もとにプラタナ
スの花が咲いていた。

　大学職員が部屋のサッシを開けた時に花の中でとまっていた一匹の蝶が、
中国珠海の青い空の彼方へ飛び立って行ったという。

　　　　　　　　　　　　　　　～ベンチャー育成編　後編　Ｆｉｎ～

おわりに

　ラ天使のエチュードはいかがだったでしょうか？

　当初はNHKの朝の連ドラのような爽やかな話にしようと企画しましたが、次第に花登筺さんの「細腕繁盛記」のようなイメージになり、後半は逆転を意識しすぎて、池井戸潤さんの下町ロケットのような感じにもなってしまいました。笑い

　感じて欲しかったのは遠野木蝶子の蓄財でもない名誉でもないその気持ちです。

　私の求めるものも経営戦略における悟りであり、そこに向かうための手法をは行の法則として４１Ｐに書きました。

　人によっては宗教くさく感じるかもしれませんが、神の存在しない教義もあります。

　補助金が欲しい、あの会社の貰ったものは我が社も欲しい、そこに悟りはあるのでしょうか？

　女性起業家の姿はラ天使のエチュードと言う形を借りて、書き続けます。

　ＳＴＯＲＹを読んでいただくと言う形においてもまた、どこかでお会いしましょう！

経営革新支援認定機関

ものづくり補助金情報中心　代表　西河　豊

著者略歴

西河　豊 (にしかわ　ゆたか)

職　　歴：1959 年　京都府生まれ
1984 年 4 月～ 2000 年 2 月金融機関勤務
その間 1991 年から 1996 年までシンクタンクの研究員として出向
2000 年独立開業
2016 ～ 2017 年　大山崎町商工会会長
西河経営・労務管理事務所、ものづくり補助金情報中心 (センター) 代表

資　　格：中小企業診断士、社会保険労務士、経営革新支援認定機関

執　　筆：「それでも、小売業は中国市場で稼ぎなさい」中経出版　2012 年
「補助金・助成金獲得の新理論」三惠社　2017 年
「中小企業経営戦略の新理論」三惠社　2017 年
「集客の新理論」三惠社　2017 年
「士業の集客とコンサル技術」三惠社　2018 年
「補助金獲得へのロードマップ」三惠社　2019 年
「助成金獲得へのロードマップ」三惠社　2019 年
「待ったなし！外国人雇用」三惠社　2019 年

学　　歴：大阪外国語大学　中国語学部（現大阪大学　国際学部）

補助金に頼らない経営戦略―京都の経営戦略の特殊性を覗く―

2020年 9月30日　　初 版 発 行

著　者　　西河　豊

定価(本体価格1,750円+税)

発行所　　株 式 会 社　三 惠 社
〒462-0056 愛知県名古屋市北区中丸町2-24-1
TEL 052 (915) 5211
FAX 052 (915) 5019
URL http://www.sankeisha.com

ISBN978-4-86693-285-9 C2036 ¥1750E